DEMOCRATIZAÇÃO DO COLO:
EDUCAÇÃO ANTIRRACISTA PARA E COM BEBÊS E CRIANÇAS PEQUENAS

JUSSARA SANTOS

DEMOCRATIZAÇÃO DO COLO:
EDUCAÇÃO ANTIRRACISTA PARA E
COM BEBÊS E CRIANÇAS PEQUENAS

PAPIRUS EDITORA

Capa	Cassiana Paula Cominato
Coordenação	Ana Carolina Freitas
Copidesque	Isabel Petronilha Costa
Diagramação	Guilherme Cornacchia
Revisão	Laís Souza Toledo Pereira

Dados Internacionais de Catalogação na Publicação (CIP)
(Câmara Brasileira do Livro, SP, Brasil)

Santos, Jussara
Democratização do colo: educação antirracista para e com bebês e crianças pequenas / Jussara Santos. -- Campinas, SP: Papirus, 2024.

Bibliografia.
ISBN 978-65-5650-197-0

1. Crianças negras – Educação 2. Educação infantil 3. Educação – Aspectos sociais – Brasil 4. Prática de ensino 5. Professores – Formação 6. Racismo – Brasil 7. Relações étnico-raciais I. Título.

24-233082	CDD-379.260981

Índices para catálogo sistemático:
1. Brasil: Crianças e bebês: Educação antirracista:
   Educação   379.260981

Cibele Maria Dias – Bibliotecária – CRB-8/9427

1ª Edição – 2024
5ª Reimpressão – 2025

Exceto no caso de citações, a grafia deste livro está atualizada segundo o Acordo Ortográfico da Língua Portuguesa adotado no Brasil a partir de 2009.	Proibida a reprodução total ou parcial da obra de acordo com a lei 9.610/98. Editora afiliada à Associação Brasileira dos Direitos Reprográficos (ABDR). DIREITOS RESERVADOS PARA A LÍNGUA PORTUGUESA: © M.R. Cornacchia Editora Ltda. – Papirus Editora R. Barata Ribeiro, 79, sala 316 – CEP 13023-030 – Vila Itapura Fone: (19) 3790-1300 – Campinas – São Paulo – Brasil E-mail: editora@papirus.com.br – www.papirus.com.br

Dedico este livro

*Aos bebês e às crianças negras, que enchem
meu coração de amor e esperança, além de me
aproximarem dos filhos que nunca tive.*

*Aos meus avós:
Lídia e Joaquim,
Carmem e Orlando,
que me ensinaram sobre racismo
e antirracismo desde menininha.*

*À minha mãe e ao meu pai:
Cidinha e Davilson, que são fontes genuínas
de amor e colo – teve tanto colo!*

*À Beth Beli, que é colo coletivo, presença que
celebro e amo.*

*Às mulheres negras mães, às que educam bebês
e crianças das redes municipais e privadas
de educação infantil, sobretudo àquelas que
democratizam colos, olhares, afetos, toques...*

*A todas as mulheres negras, em especial as do
bloco afro Ilú Obá De Min, com quem aprendo e
vivo o sonho de ser árvore frondosa.*

Agradecimentos

*Quero agradecer a todas as pessoas que fizeram
parte desta realização e participaram ativamente
desta obra polifônica: Larissa Kautzmann, Cilene
Costa, Karen Magri, Caterina Rino, Fabiana
Almeida, Josiane Lima, Shirley Santos, Neide
Lopes, Daniela Jaqueline, Drika Henrique,
Kelly Santos, Carolina Marques, Raquel Santos,
Jaqueline Calado, Rauany Mota, Natália, Winnie
Santos, Adriana Pagaime, Guacyara Labonia,
Carla Mauch, Eliane Cavalleiro, Ingrid Anelise.
Agradeço imensamente à Mônica Ferreira, pela
escuta e cuidados ao longo da escrita. Sou grata
a minha família, mãe, pai, tios, irmãs, sobrinhas,
primos, com quem dou risadas, aprendo e tenho
certeza de que voar é possível.*

SUMÁRIO

PREFÁCIO 11
Eliane Cavalleiro

APRESENTAÇÃO 19

ANTES MESMO DO INÍCIO... TECENDO OLHARES:
SOU PORQUE NÓS SOMOS 23

1. "EU TENHO MEDO E QUERO COLO" 29

2. RAÇA, RACISMO, BRANQUITUDE *X* OS BEBÊS E
   AS CRIANÇAS PEQUENAS 45

3. EDUCAÇÃO PARA AS RELAÇÕES ÉTNICO-RACIAIS,
   A MOTRICIDADE LIVRE E O COTIDIANO NAS
   INSTITUIÇÕES DE EDUCAÇÃO INFANTIL 57

4. NEGRITUDE, ANTIRRACISMO E O DIREITO DE
   EXISTIR DE BEBÊS E CRIANÇAS NEGROS:
   PRÁTICAS ANTIRRACISTAS E INCLUSIVAS 73

5. DE JANEIRO A JANEIRO: ESCUTA, INFÂNCIAS
   E VIVÊNCIAS ANTIRRACISTAS 93

6. DE: MÃES NEGRAS – PARA: PROFESSORAS
   PALAVRAS DE CORAÇÕES AFLITOS 115

CONSIDERAÇÕES DE COMEÇO, MEIO E COMEÇO 141

PREFÁCIO

A escrita deste prefácio me fez relembrar o provérbio africano que nos convida a refletir sobre o processo de educação das crianças pequenas como um esforço coletivo: "É preciso uma aldeia inteira para educar uma criança". Esse provérbio encapsula uma visão holística e comunitária da educação infantil, segundo a qual a educação não é compreendida como um processo individual que se concretiza e tem sua importância centrada apenas no ambiente familiar, mas sim como uma responsabilidade que envolve toda a comunidade. Reconhece-se a importância da rede de adultos e crianças que interagem direta ou indiretamente com as crianças, contribuindo para seu desenvolvimento, que não se restringe ao desenvolvimento cognitivo nem à educação formal.

No contexto do desenvolvimento e cuidado infantil, é imperativo considerarmos que, na sociedade brasileira contemporânea, as instituições educativas desempenham um papel crucial na promoção do desenvolvimento físico, intelectual e emocional de bebês e crianças pequenas. Essas instituições atuam como agentes fundamentais para as experiências vividas nos primeiros anos de vida. Portanto, é essencial reconhecer que a socialização e o crescimento saudável de bebês e crianças são processos multifacetados que dependem da contribuição coletiva de todos os indivíduos ao seu redor. Isso inclui as interações e dinâmicas sociais estabelecidas entre os adultos que compõem o ambiente educativo e familiar, evidenciando a importância de uma abordagem integrada e comunitária.

Nesse sentido, é imperativo que a educação seja concebida em uma perspectiva antirracista. Sem essa premissa, o ideal de uma "educação de qualidade" não se concretiza plenamente. A qualidade na educação transcende a mera ampliação do número de profissionais de educação, a expansão do conteúdo curricular ou a melhoria das instalações físicas. Uma educação verdadeiramente de qualidade deve incorporar a promoção de valores de equidade, respeito e inclusão. Isso implica que a educação antirracista deve ser elemento basilar para as práticas pedagógicas nas instituições de educação infantil.

A implementação de uma educação antirracista requer compromisso institucional e pedagógico que vá além de políticas superficiais, promovendo uma transformação estrutural e cultural nas instituições educativas. Somente por meio dessa abordagem holística e inclusiva poderemos assegurar que a educação cumpra seu papel fundamental na construção de uma sociedade mais justa e equitativa.

Dessa forma, o diálogo com os escritos de Jussara me levou a refletir sobre três questões cruciais que orientam nossa análise acerca da educação de crianças pequenas, com qualidade. Primeiramente, constituímos uma "aldeia" que vê, percebe e trata todas as suas crianças de maneira igualitária? Essa questão nos leva a examinar criticamente nossas práticas e políticas educativas para identificar se, de fato, estamos promovendo um ambiente inclusivo e equitativo para todos os bebês e crianças, independentemente de suas origens sociais, étnicas ou econômicas. Em segundo lugar, em quais momentos podemos perceber diferenças que prejudicam o desenvolvimento das crianças? Essa indagação exige uma análise minuciosa dos contextos e das situações dos quais desigualdades e discriminações emergem, afetando negativamente o crescimento e a aprendizagem das crianças.

Por fim, quais são, portanto, as atenções, as adaptações e as precauções necessárias para garantir que os princípios contidos no provérbio se apliquem de maneira justa e inclusiva em nosso contexto? Essa última questão nos convoca a desenvolver estratégias pedagógicas e políticas públicas que assegurem a implementação de práticas educativas que respeitem e valorizem a diversidade, promovendo um desenvolvimento integral e equitativo para todos os bebês e crianças.

A autora ressalta que "refletir sobre infância e racismo exige coragem, compromisso e honestidade". No que diz respeito ao racismo, tanto a neurociência quanto a psicologia têm oferecido *insights* valiosos sobre a complexidade desse fenômeno. A neurociência, por exemplo, por meio de técnicas avançadas de neuroimagem, tem demonstrado que áreas específicas do cérebro, como o córtex fusiforme e a amígdala, são ativadas em resposta a estímulos raciais, sugerindo uma base neurológica para reações preconceituosas. Pesquisas de Banaji e Greenwald (2013) mostram que o racismo não é apenas um comportamento aprendido, mas também um processo profundamente enraizado no cérebro humano.

Paralelamente, a psicologia social tem explorado como esses preconceitos implícitos se manifestam nas interações cotidianas e nas estruturas sociais, influenciando decisões e julgamentos de forma muitas vezes imperceptível. Esses estudos sugerem que preconceitos raciais podem ser inconscientes e automáticos, influenciando nossas atitudes e nossos comportamentos de maneiras sutis, mas significativas. Assim, as respostas automáticas, profundamente enraizadas no cérebro, tornam o preconceito racial um desafio complexo de ser enfrentado.

Compreender a natureza multifacetada do racismo, que abrange componentes tanto conscientes quanto inconscientes, é essencial para desenvolver intervenções eficazes que promovam a equidade racial desde a infância. A integração dessas perspectivas científicas nos debates educacionais, incluindo-as no processo de formação continuada de educadores e educadoras, contribui significativamente para a formulação de políticas educacionais e práticas pedagógicas que visem à desconstrução de preconceitos e à promoção de uma sociedade mais justa e inclusiva.

Por mais surpreendente que possa parecer, visto que o senso comum nos leva a pensar a infância apenas como uma fase de pureza e inocência, estudos mostram que os bebês já reconhecem características raciais entre 6 e 8 meses de vida (Katz; Kofkin, 1997). O pensamento comum, muitas vezes, nos faz acreditar que bebês são naturalmente livres de preconceitos e que a infância é uma fase de ingenuidade e ausência de julgamentos. No entanto, a realidade é mais complexa.

Pesquisas indicam que, além de reconhecerem características raciais, as crianças desenvolvem preconceitos raciais e discriminação ativa bem cedo na vida, entre os 3 e os 5 anos de idade (Cavalleiro, 1998, 2013). Esses achados evidenciam que as crianças são altamente perceptivas às dinâmicas sociais ao seu redor, absorvendo preconceitos e discriminações raciais praticados tanto por adultos quanto por outras crianças.

Assim, o processo de socialização e de educação de crianças pequenas, sem a devida intervenção crítica por parte dos adultos, permite que preconceitos implícitos, atitudes e práticas racistas se enraízem profundamente desde a infância. A capacidade das crianças de absorver e reproduzir preconceitos raciais é significativa e, sem uma orientação adequada, esses preconceitos podem se tornar parte de suas percepções e seus comportamentos.

Dessa forma, os preconceitos implícitos, atitudes e práticas racistas e discriminatórias, como os descritos e analisados por Jussara, que chegam sistematicamente aos bebês/crianças – e constituem experiências que alimentam o seu desenvolvimento emocional e social –, sem qualquer filtro ou crítica por parte dos adultos ao seu redor, aos poucos vão se tornar parte delas, e parâmetros de análise para pensarem a si mesmas, os outros e o mundo ao seu redor. Essas dinâmicas, constituindo sistematicamente as nossas experiências sociais como adultos que foram educados, nos tornam mais racistas do que gostaríamos de admitir, perpetuando um ciclo de discriminação que é transmitido de geração em geração. Compreender esses mecanismos é crucial. E coloca como imperiosa uma autorreflexão que deve ser profunda, sistemática e permanente, para que os/as profissionais da educação desenvolvam estratégias eficazes de autoeducação e intervenção que visem eliminar os tratamentos diferenciados que eles mesmos praticam no cotidiano educacional.

Não podemos mais aceitar que os nossos preconceitos e os tratamentos diferenciados se façam presentes nas experiências de bebês e crianças na educação infantil. Portanto, a leitura do livro de Jussara e dos outros da literatura antirracista citados nesta obra se mostra como parte fundamental de um compromisso que devemos assumir para o nosso crescimento pessoal como profissionais da educação e como cidadãos que desejam uma sociedade melhor e igualitária. Essas reflexões nos levam a considerar a importância de uma educação antirracista desde a primeira infância.

Para que possamos ser uma "aldeia" que trata todos os bebês e crianças de maneira equitativa, é essencial reconhecer e combater os nossos preconceitos inconscientes. Isso requer um compromisso ativo e contínuo mediante um processo de análise autoavaliativa; só assim poderemos cumprir o dever de refletir sobre as questões evidenciadas pela autora. Somente por meio de uma abordagem consciente e deliberada poderemos assegurar que os princípios do provérbio africano se concretizem de maneira justa em nossa sociedade.

Sabemos que a jornada de educar e cuidar de bebês e crianças é repleta de desafios, mas também de imensas recompensas.

Reconhecer nossos próprios preconceitos e dificuldades nas interações com as crianças e seus familiares não é uma tarefa simples, mas é uma missão necessária. Cada gesto, cada palavra, cada atitude conta na formação das mentes e corações das crianças.

Ao abraçar a literatura antirracista e refletir sobre nossas práticas educativas, estamos dando um passo significativo em direção a um mundo onde todos os bebês e crianças possam perceber a sua beleza, sua individualidade e crescer livres de discriminação e preconceito. A educação antirracista começa com a nossa disposição para aprender e mudar. É um processo contínuo de autoeducação e reflexão crítica. Precisamos criar espaços seguros e acolhedores onde bebês e crianças se sintam valorizados e respeitados. Isso implica revisar nossas práticas pedagógicas, questionar nossos próprios vieses e buscar, com amor e dedicação, ser as educadoras e os educadores que os bebês e as crianças precisam e merecem. Sigamos com coragem, determinação, colo, afeto, olhar para todos os bebês e crianças.

Eliane Cavalleiro[1]

---

1. Mestre e doutora em Educação pela USP, foi consultora da Unesco e coordenadora-geral de Diversidade e Inclusão Educacional, na Secretaria de Educação Continuada, Alfabetização e Diversidade do Ministério da Educação. Atuou como docente na Faculdade de Educação da UnB, onde foi tutora do Programa de Educação Tutorial, além de ter sido presidente da Associação Brasileira de Pesquisadores(as) Negros(as) (ABPN). Foi pesquisadora visitante na San Francisco State University, no César E. Chávez Leadership Institute e, atualmente, é pesquisadora associada do Centro de Estudos da América Latina da Universidade de Stanford.

Referências

BANAJI, M. R.; GREENWALD, A. G. *Blindspot*: hidden biases of good people. Nova York: Delacorte Press, 2013.

CAVALLEIRO, E. dos S. *Do silêncio do lar ao silêncio escolar*: racismo, preconceito e discriminação na educação infantil. 1998. Dissertação (Mestrado) – Universidade de São Paulo, São Paulo, 1998.

CAVALLEIRO, E. *Veredas das noites sem fim*: socialização e pertencimento racial em gerações sucessivas de famílias negras. Brasília: Editora UnB, 2013.

KATZ, P. A.; KOFKIN, J. A. Race, gender, and young children. *In*: LUTHAR, S. S.; BURACK, J. A.; CICCHETTI, D.; WEISZ, J. R. (org.). *Developmental psychopathology*: perspectives on adjustment, risk, and disorder. Cambridge: Cambridge University Press, 1997. p. 51-74.

APRESENTAÇÃO

É com muita alegria que apresento este livro, fruto de pesquisas, vivências, observações, lágrimas e sorrisos de uma educadora, mulher negra. É importante dizer, desde aqui, que a obra é destinada a mulheres e homens que são mães, pais, educadoras, educadores, familiares e a todas as pessoas que se relacionam com bebês e crianças e os educam. Considerando que historicamente, no Brasil, a educação infantil é majoritariamente ofício realizado por mulheres, optei por utilizar o pronome feminino durante todo o desenvolvimento do texto, mas: *educador, professor, pai e todos os homens preocupados com uma sociedade mais justa, inclusiva e equitativa, este material também é destinado a vocês.*

Dados coletados pelo Inep, em 2022, apontam que 97,2% das profissionais que atuam com bebês e crianças até os 4 anos são mulheres, e, se considerarmos as crianças entre 4 e 5 anos, o índice é de 94,2%.

Democratização do colo: educação antirracista para e com bebês e crianças pequenas nasce após anos de pesquisa e atuação como professora de educação infantil na rede municipal de São Paulo. O texto nos convoca a olhar para os bebês e crianças como sujeitos de direitos e nos convida à compreensão de que a racialização das pessoas ocorre bem antes da fase adulta.

Como devemos agir perante o racismo vivenciado nos primeiros anos de vida? Quem são os atores responsáveis por ofensas racistas para seres tão pequenos? Isso de fato acontece? Essas e outras perguntas serão respondidas ao longo do texto, numa perspectiva de reflexões a serem feitas com base na realidade na qual você e seus bebês e crianças estão inseridos.

O texto foi organizado para que você, educadora da infância (além de mães, pais, e qualquer pessoa que seja responsável ou que cuide/eduque bebês e crianças), tenha subsídios para percepção da presença do racismo, além de possibilidades de reflexão e manejo em situações flagrantes de discriminação.

Não se pretende, aqui, indicar receitas ou caminhos prontos e possíveis em qualquer contexto, mas trazer elementos importantes que contribuam para sua reflexão, ação e tomada de decisões diante da existência de discriminação, distanciamento, violências por conta do racismo.

O livro apresenta reflexões sobre o medo, o desejo de acolhimento e a seletividade de quais corpos infantis ganharão ou não o colo desejado, nas diversas situações cotidianas. Além disso, aborda os conceitos de raça, racismo, branquitude e como esses se apresentam na infância, nas relações entre bebês/bebês, crianças/crianças, bebês e crianças/adultos envolvidos nos processos de educação e cuidados.

Como este é um espaço de denúncias, mas também de anúncios, refletiremos sobre antirracismo, direito de existir e respeito às gigantes miudezas, diariamente trazidas pelos bebês e crianças pequenas.

É importante evidenciar que estudar antirracismo se faz urgente a toda a sociedade; por isso, educadora branca e não negra, essa responsabilidade é de todas nós que optamos pelo ofício de educar bebês e crianças pequenas.

Desejo que essa leitura contribua para ações antirracistas e que essas aconteçam de janeiro a janeiro.

Gestoras, professoras, educadoras da limpeza, da cozinha, dos pátios, da portaria, este livro é para todas nós, que escolhemos e reescolhemos diariamente cuidar/educar bebês e crianças pequenas. Que a leitura lhes possibilite um cotidiano antirracista, no qual bebês e crianças negros, indígenas e todos aqueles que são racializados, existam no planejamento, na organização dos espaços, nos brinquedos, nas fantasias, nas obras literárias.

Familiares, mães, pais, avós, tias, tios, desejo que o livro os convide para trocas educativas e afetuosas com seus bebês e crianças.

Parafraseando o saudoso e importante intelectual Nego Bispo, que este seja o começo, o meio e o começo de vivências antirracistas em todos os dias letivos nas instituições de educação infantil e nos lares de famílias que desejam um cotidiano livre do racismo.

Boa leitura!

Jussara Santos

ANTES MESMO DO INÍCIO...
TECENDO OLHARES: SOU PORQUE NÓS SOMOS

Escrever este livro foi um dos desafios mais bonitos e intensos da minha existência. Foi um processo regado a muitos sentimentos e encontros com minha história, que partilharei um pouco a seguir.

São comuns, às mulheres negras, problemas de saúde relacionados ao útero, órgão responsável por gerar a vida. Há alguns anos, meses antes de me preparar para um processo de gestação, submeti-me a uma cirurgia intitulada miomectomia, cujo objetivo era a retirada de miomas que dificultavam o processo de engravidar. Saí da sala de cirurgia sem útero e sem um aviso de que isso havia ocorrido (a retirada). Em casa, por curiosidade, examinei calmamente o laudo de alta médica e me deparei com a pior notícia da vida: aquele que era um procedimento de preparo do meu corpo à gestação virou a ceifa que aniquilou a continuidade de um desejo genuíno e legítimo.

Não recebi explicações, não fui consultada nem sequer avisada após o procedimento. Mulheres negras, não negras, brancas, posso garantir: foi o pior dia da minha vida!

Democratização do colo | 23

Estas páginas significam outra forma de gestar, parir e apresentar um filho ao mundo. A escritora que lhes escreve o faz atravessada pelo desejo interrompido de gestar, parir, ninar, educar e dar muito colo a seu bebê, certamente negro, que nunca virá. Dito isso, apresento-lhes: *Democratização do colo*: educação antirracista para e com bebês e crianças pequenas.

O encontro com a Papirus deu-se por meio do meu ofício de formar educadoras e educadores para vivências antirracistas. Atuo na educação básica há 20 anos, sendo 18 deles na educação infantil. Durante esse tempo, vivenciei uma infinidade de situações, entre as quais a presença do racismo no cotidiano de bebês e crianças bem pequenas.

A falta de brinquedos, livros e narrativas literárias que valorizassem a presença de bebês/crianças negros, indígenas, bolivianos e de outras nacionalidades, presentes nas instituições por onde passei, além de mediações tantas vezes excludentes e racistas, contribuía para um silenciamento por parte dessas crianças, o que comumente era intitulado timidez.

Não raras foram as vezes que as professoras titulares[1] das turmas diziam: "Nem fique perto desse bebê, ele não gosta de colo, de proximidade"; "Essa menina é tão tímida, se quiser falar com ela até fala, mas é difícil de ela responder". Geralmente bebês/crianças tímidos, que não gostavam de contato, "bagunceiros demais", eram negros.

Ao longo dos 20 anos destinados à educação para e com a primeira infância, tenho refletido sobre o papel das instituições de educação infantil no combate ao racismo e no fomento do antirracismo. Se outrora era contundente a ideia de que as crianças estão completamente livres do racismo e de mazelas sociais, atualmente é sabido que bebês/

---

1. É comum, na educação infantil, a presença de professores titulares, que são as responsáveis pelo planejamento e pela organização das práticas pedagógicas, e das auxiliares, que participam desses processos todos que envolvem a turma.

crianças bem pequenas são sujeitos sociais, têm direitos, produzem cultura, são vítimas de racismo e o reproduzem.

Em uma de suas comunicações orais, a pesquisadora e escritora Kiusam Oliveira narrou vivências como diretora em uma rede municipal de educação e, entre elas, duas me marcaram bastante. Em uma situação de brincadeiras de roda, uma menina branca bem pequena, de 2 anos, recusou-se a dar a mão para um colega negro; a criança chorou, saiu de perto e recusou-se a brincar. Quando a professora abaixou e perguntou o que estava acontecendo, ela disse: "Eu não quero, porque ele vai me sujar".

Outra situação narrada por Kiusam aconteceu na turma de bebês. Na condição de gestora, ela fomentava práticas antirracistas, e as professoras diziam que não fazia nenhum sentido pensar relações raciais com bebês tão pequenos. Ainda assim, gradativamente reorganizavam as imagens afixadas nas paredes, colocando figuras de bebês negros, incluíam bonecas negras e outros elementos para que aquela sala dialogasse com quem a ocupava (maioria de bebês pretos e pardos). Durante uma atividade, o pequeno Dudu, que ainda engatinhava, diante de uma imagem de um bebê negro afixada na parede de sua sala, apontou e balbuciou: "Dudu". Nesse momento, a professora teve certeza da necessidade de educar as relações étnico-raciais desde bem cedo.

Nos últimos anos de campanhas eleitorais, foi bastante veiculada em São Paulo uma premissa básica, a meu ver óbvia: não há democracia na existência do racismo. Participei de algumas discussões com juventudes negras e, nessas, evidenciamos o quanto o racismo se manifesta no cenário político, mesmo por parte de parlamentares que empreendem esforços em campanhas e são eleitos discursando compromisso com a população negra, LGBTQIA+, pessoas com deficiência, entre outros grupos. O que geralmente é visto são pessoas brancas sendo protagonistas, ocupando espaços de poder e de tomada de decisões, mesmo quando eleitas afirmando compromisso com as pautas raciais.

Democratização do colo | 25

Observar a democracia brasileira, suas contradições, ler relatos de professoras e pesquisadoras, que concluem que bebês meninos negros recebem menos colo do que meninas brancas, que parte da turma (geralmente crianças brancas) participa falando, expondo suas ideias, pedindo músicas durante as rodas, ao passo que outra se cala (geralmente crianças negras), me convocou a refletir sobre a ausência de democracia no acesso a elementos importantes para a infância.

Com base nessa constatação, vivi anos manejando de forma silenciosa a reparação referente a colo, abraço, afeto, olhar. Lembro-me do dia que passei três horas com uma bebê negra no colo, que chorava copiosamente, com grandes erupções em suas regiões íntimas, o que resultava em uma ausência de contato por parte de suas educadoras. Essa pequena fora apelidada de "cristal bumbum sensível", e minhas colegas de trabalho falavam isso e gargalhavam, enquanto ela chorava de dor. As adultas responsáveis por seus cuidados se incomodavam com seu choro excessivo e, em vez de encontrar caminhos para tirá-la do sofrimento, negligenciaram o direito da pequena de ser cuidada.

Ocorre que o incômodo é endereçado e tem cor e, em situações semelhantes (choro excessivo e assaduras), com bebês brancos, era tratado de forma gritantemente diferente.

Professoras, gestoras, mães, pais e todas as pessoas que cuidam/educam bebês/crianças pequenas, eles(as) são seres sociais que aprendem e ensinam na relação com o seio da mãe ou do pai[2] que amamenta, com água quente, fria, lama, areia, pedras, outros bebês, outras crianças, adultos. Desse modo, potencializar o sentimento de pertença e segurança nas relações estabelecidas entre adultos, bebês e crianças pequenas é essencial.

Assim como o Dudu, que ao ver a representação de um bebê negro afixado na parede se reconhece, aponta e balbucia o seu nome,

---

2. Refiro-me aqui aos homens trans – pessoas que nasceram com órgãos femininos (trompas, útero, vagina), mas são homens e não fizeram mastectomia e por isso amamentam seus filhos.

é fundamental que os espaços, os brinquedos, os livros, as vivências nos parques, nos bosques, nas salas de referência proporcionem o direito de existir de cada vida que há.

É possível que haja um questionamento: atuo profissionalmente em uma escola de elite, logo, branca, preciso me preocupar com ações de combate ao racismo e vivências antirracistas? *A resposta é sim!* O racismo não é um problema da população negra, tampouco invenção desta. Bebês/crianças brancos precisam conhecer a pluralidade de fenótipos existentes no Brasil e conviver respeitosamente com todas as pessoas, além disso têm o direito de conhecer as riquezas advindas (roubadas) do continente africano, que compõem o Brasil, bem como suas populações, culturas.

Portanto, é importante a promoção de educação antirracista para todas as pessoas envolvidas nos processos educacionais, incluindo familiares, comerciantes do bairro, gestoras, professoras e demais educadoras.

Para finalizar a primeira parte que precede o Capítulo 1, é importante refletir sobre como bebês/crianças são tratados durante o cotidiano. Para isso apresento outras questões:

- Quais são os critérios que você elenca para a escolha de quem será alimentado primeiro?

- Diante de um grupo de bebês chorando, os negros serão os últimos a ganhar colo?

- Suas mãos democraticamente acariciam cabelos crespos, cacheados e lisos?

- Durante as conversas na sala das professoras, quais são os bebês e crianças que são o centro das discussões, tendo as consideradas "más atitudes" evidenciadas?

Querida professora, mãe ou adulta/adulto que educa bebês e crianças pequenas, desejo descanso das retinas tão fatigadas por rotinas exaustivas e convido a um mergulho genuíno aos caminhos possíveis à democratização do colo.

1
"EU TENHO MEDO E QUERO COLO"

Bebê e criança veem, bebê e criança fazem:
As ações das adultas e os reflexos nas ações infantis

> *Ganhar ou não colo da pajem*: uma situação que ocorre várias vezes: algumas crianças chegavam chorando e não ganhavam colo, no entanto, com determinadas crianças era diferente: M. (loira/2 anos) chegou chorando, então Nice (pajem/branca) a pegou no colo até que ela parasse de chorar, depois pegou P. (negro/2 anos) também chorando, mas Nice fez o seguinte: sentou em uma cadeira e o colocou entre as pernas. Essa situação ocorreu da mesma forma, só que com outra pajem, B. (negro) chegou chorando, Marli encostou-o na perna e disse para ele não chorar, depois chegou L. (loira) também chorando, mas o procedimento foi outro, a pajem a pegou no colo até que parasse de chorar (Oliveira, 2004, p. 83).

O excerto foi retirado da pesquisa de Fabiana Oliveira, importante referência que desvelou situações vivenciadas por bebês e crianças negros e brancos na cidade de São Carlos, interior de São Paulo. A autora revela que o cotidiano é marcado por ausência de colo, afeto, sendo que o pertencimento racial é elemento decisivo para o recebimento, ou não, de atenção individualizada e colo das adultas responsáveis.

Não distante dos achados da pesquisadora, Eliane Cavalleiro, precursora dos estudos de relações raciais e infância na cidade de São Paulo, flagrou cenas de silenciamento diante de situações racistas, como se essas fossem minimizadas aos olhos das profissionais que assistiam as crianças.

O silêncio por parte das adultas, o distanciamento de determinados corpos, além da falta de escuta em situações nas quais é evidente a necessidade de intervenção, contribuem para que bebês/crianças aprendam que corpos negros devem ser menos atendidos em suas necessidades.

A seguir, retratarei uma cena vivenciada em uma turma de bebês e crianças entre 2 e 3 anos.

Um grupo, composto por 22 bebês/crianças, uma professora e uma auxiliar, vivia sua rotina diária, como brincar no parque, na sala de referência,[1] com as motocas, pelos corredores da unidade, solário e bosque de grama. Diariamente, era comum ouvir a professora falar para Ana Flávia, negra de 2 anos: "Não é possível, você parece um cachorro, todo dia morde seus colegas, um dia ainda te coloco uma focinheira". Ocorre que Breno, loiro de 2 anos e 3 meses, lidava com a gravidez de sua mãe e desde então passou a morder seus colegas de agrupamento. Para ele, a professora dava colo e dizia: "Anjo, você precisa se acostumar com a vinda do seu irmão, vocês serão amigos, você precisa se acostumar, meu amor". Repetia diariamente e em

---

1. Geralmente a sala que as crianças têm como referência, deixam seus pertences, onde há fotos delas afixadas, além de suas produções artísticas, geralmente é chamada de Sala de Referência, e esse será o uso que farei dessa expressão durante o texto.

seguida havia afeto, colo. Os outros bebês e crianças do agrupamento estavam expostos às cenas de cuidados ao colega loiro e falas nada acolhedoras à colega negra. Certo dia, durante uma brincadeira no bosque com grama, Bebel, 2 anos e 1 mês, estava perto de Ana Flávia, que naquele momento brincava com um móbile repleto de bolas coloridas, e falou uma frase que pareceu ser: "Precisa colocar focinheira em você", apontando o dedo e com o tom de voz como se estivesse "chamando a atenção" (dando uma bronca) de sua companheira de turma, que historicamente mordeu, mas que naquele momento estava brincando.

Apesar da pouca idade, Bebel compreendeu que sua colega é alguém de quem se deve chamar a atenção, e, mesmo que ela não estivesse mordendo, esse foi o tratamento empreendido. Algumas perguntas ficam latentes:

- Será que a professora demonstra esse comportamento com Ana Flávia a ponto de a colega, outra bebê, ter essa referência para tratar a colega, mesmo quando essa não está mordendo?

- Por qual motivo o bebê loiro, que também morde, é tratado de forma distinta e seu processo de tornar-se irmão mais velho é considerado?

- Considerando o imagético apresentado nas mídias sociais, nas propagandas publicitárias, quais corpos de bebês e crianças pequenas são considerados belos e agradáveis? "Dóceis" e dignos de colo, amor e escuta?

Imagino que ler essa situação e essas perguntas talvez tenha levado você para um lugar desconfortável (o que não é um problema); a ideia aqui é refletirmos e construirmos caminhos para que todas aquelas e aqueles que sintam medo ou apresentem necessidade ganhem colo.

Pelo direito de existir: negritude e infância

O cotidiano na educação infantil é repleto de desafios, e tantas vezes a falta de educadoras, as turmas cheias, o cotidiano do trabalho exaustivo são elementos que alteram nossa percepção para algumas ações importantes.

Lembro de sentir dores na coluna, dos dias marcados por falta de paciência e de quando, em alguns momentos, era míope para realidades pungentes, no atendimento aos bebês/crianças pequenas. Considerando a intensidade e o volume do trabalho, bem como a complexidade dele, é importante conversar com colegas, ler sobre equidade racial e garantir momentos de pausas destinadas a reflexões honestas sobre como têm sido o tratamento, a atenção, o olhar, o cuidado, o colo destinados a bebês/crianças negros.

Durante os primeiros anos de vida, bebês/crianças conhecem e aprendem sobre o mundo, têm contato com cores, aromas, sabores, texturas e temperaturas distintas. Mostrar a diversidade de cores de pele, texturas de cabelos, variabilidade de corpos que as pessoas têm contribuirá para que cotidianamente percebam em si, nos colegas e nas representações expostas nas paredes dos espaços, nos livros, nos filmes que há diversas formas de existência e que ser branco de cabelos loiros não é um padrão a ser alcançado.

Ao adentrar instituições como Unidade Básica de Saúde ou hospitais, durante a realização do pré-natal, geralmente as pessoas grávidas[2] têm contato com representações da anatomia humana, de pessoas brancas, com fetos rosados. As representações às quais são expostas geralmente não consideram a existência da chegada de bebês negros.

Durante a organização dos objetos (enxoval) do bebê que está por vir, ao comprar fraldas, é comum que as embalagens tragam

---

2. Refiro-me a pessoas grávidas, uma vez que existe a possibilidade de homens trans engravidarem.

representações de pessoas brancas. Certamente, a experiência de famílias que esperam por bebês brancos será completamente diferente da experiência de famílias negras, já que os primeiros existem, são o padrão estabelecido pela sociedade e, por isso, representados com naturalidade. É verdade que nos últimos anos os pacotes de fraldas descartáveis têm trazido um ou outro bebê negro, fato que contribui para que bebês/crianças negros, além de suas famílias, tenham a oportunidade de existir nas prateleiras de supermercados, drogarias, entre outros estabelecimentos.

Em 2016, um bebê negro na Flórida, Estados Unidos, ficou durante muitos minutos abraçado a um pacote de fraldas; ao observar a ação de seu filho, a mãe entendeu que a embalagem exibia a imagem de um bebê negro. Comprar um pacote de fraldas com a imagem de alguém parecido consigo possibilitou ao pequeno uma experiência de reconhecimento, algo bastante comum aos bebês brancos, desde os primórdios da indústria das fraldas descartáveis.

É importante que existam ações intencionais, a fim de que os espaços, as representações nas paredes, a escolha das histórias ouvidas e contadas considerem existências negras, bolivianas, sírias, indígenas, entre outras, para além da existência de bebês/crianças brancos.

Ainda sobre a hegemonia branca que atinge bebês bem pequenos, digite algumas expressões nos canais de busca na internet: bebê bonito, bebê saudável, bebê feio. Ao realizar a pesquisa, perceberá o quanto o algoritmo tem compromisso com o racismo e contribui para sua propagação, mesmo em se tratando de seres tão pequenos. Existe uma forma hegemônica de conceber beleza, saúde, e bebês/crianças negros não estão contemplados nisso. É preciso contar uma história distinta das que geralmente as mídias e os algoritmos contam!

As vivências, as trocas, os convites ao abraço e a falta disso tudo certamente incidirão sobre o cotidiano e a formação de bebês e crianças. Somos quem somos pelas nossas vivências e interações ao longo da vida; desse modo, entendo ser importantes algumas reflexões diárias (às pessoas que atuam profissionalmente):

- Os bebês e as crianças negros são felizes no cotidiano educacional?
- Suas escolhas de repertório imagético, musical, literário consideram as presenças negras?
- Fantasias, acessórios e brinquedos contribuem para um sentimento de pertença ao grupo?
- Bebês e crianças negros brincam com bonecas e bonecos que se parecem com eles?
- Seu colo, abraço, afeto, olhar são acessados por todos(as) democraticamente?

Este livro parte da premissa de que espaços que acolham com afeto, respeito e diversidade de experiências os bebês meninos negros, certamente acolherão a todos e todas com muita qualidade, já que esses são os que aparecem em pesquisas como os menos tocados, acariciados e respeitados em instituições de educação infantil. Em outras palavras, acredito que, se for bom para o bebê negro, será bom para todas e todos.

Trovões e anjinhos: as vivências cotidianas nas instituições

Durante as vivências como professora em um centro de educação infantil, era muito comum ver minhas parceiras dizendo: fulana é minha filha, ela se parece comigo, beltrana é a minha, como amo essa criança. O sicrano é o filho da diretora, uma mulher loira. Muitas de nós éramos mulheres racializadas (não brancas); era interessante que a adoção de cada filho(a) se dava com base no pertencimento racial. Lembro-me de uma bebê branquinha de olhos claros e cabelos cacheados, ela era a filha da coordenadora pedagógica. Por mais que não fosse uma ação consciente, a raça era elemento decisivo para escolhermos nossas filhas.

Sem a intenção de refletir se é correto ou não esse "faz de conta" criado também pelas adultas, me lembro desse evento, pois éramos mulheres pardas, pretas, brancas, amarelas, e democraticamente havia um olhar especial para uma diversidade de fenótipos de bebês e crianças pequenas. Tal situação possibilita inferir que a condição racial é algo acessado pelas pessoas, mesmo que inconscientemente.

Em sua pesquisa que fora citada no início deste capítulo, Fabiana Oliveira revela que em todas as salas de uma creche no interior de São Paulo havia um menino apelidado pelas professoras como "trovão", geralmente meninos negros e tidos pelas adultas como "indisciplinados". Ao relembrar a força, o barulho, a violência que um trovão representa, posso inferir que bebês negros eram comparados a algo não humano, forte, intenso e violento.

Na contramão disso, meninas e meninos brancos, quando loiros, são facilmente intitulados como anjos, seres doces e com aspecto de bondade angelical. No lugar do não humano, para o branco há o lugar de celestial.

Como têm sido as vivências e comentários relacionados aos bebês e crianças nos momentos de intervalo, cafés, na sala das professoras? Como brancos e negros têm sido retratados em sua fala, suas reflexões? Ao escrever os relatórios de aprendizagens, ou quaisquer que sejam os documentos avaliativos da sua realidade, como se referem a bebês e crianças negros? Você chama a atenção de todos da mesma forma? Existe um peso diferente entre brancos e negros diante de um comportamento considerado não adequado? E as famílias? Trazem elementos que contribuem para a manutenção do racismo? A seguir, trarei duas situações para refletirmos:

- "Tia, troca a Luiza primeiro, ela é branquinha, você sabe como é, *né*? Os pretinhos pelo menos não marcam" (risos e sai da sala).

- *Bilhete na agenda:* "Professora Helena, por favor não deixar a Helô (branca) sentar perto da Vitória (negra), pois minha filha está com muito piolho e acredito vir do *black* da amiguinha. Melhor prevenir e não se infectar. Obrigada. Mamãe".

Você já se deparou com alguma situação parecida com as descritas? Considerando que a participação familiar é importante, como garantir discussões diante do cenário apresentado? Educadoras que atuam em instituições, convido-as a pensar pautas formativas às famílias e que essas sejam disseminadas na agenda/caderno de comunicação, nas reuniões de familiares, em cartazes com mensagens antirracistas afixados pelo espaço. Importante lembrar que os espaços educativos que atendem bebês/crianças podem se estender às famílias.

Trovões e anjinhos não devem existir em espaços educativos, sendo importante a utilização do nome de cada bebê/criança.

Desumanizar seres humanos desde a primeira infância, certamente, contribuirá para a manutenção do racismo no Brasil, fortalecendo assim todas as instâncias racistas que encontramos no nosso cotidiano.

Se, por um lado, a desumanização de uma parte do grupo tem impactos negativos, por outro, a manutenção da existência de anjos, destinada a bebês brancos, loiros de olhos azuis, reitera a supremacia branca e contribui para reforçar a construção de um imagético desse fenótipo como a possibilidade digna de ser bebê.

Observe o cotidiano e garanta que o termo "trovão" seja utilizado exclusivamente para designar ruídos estrondosos seguidos de descargas elétricas. Em relação aos anjos, imagem popularmente conhecida para retratar docilidade, calma, paz, não designe exclusivamente como sinônimo de bebês brancos com olhos azuis.

Cida Bento (2022) reflete sobre branquitude[3] e nos ensina de que modo ela se faz presente em nosso cotidiano, durante as vivências

---

3. A branquitude se expressa em uma repetição, ao longo da história, de lugares de privilégio assegurados para as pessoas brancas, mantidos e transmitidos para as novas gerações (Bento, 2022).

corriqueiras. As reflexões ensejadas por Fabiana Oliveira (2004) e Cintia Cardoso (2021) nos permitem concluir que a branquitude está presente nos espaços de educação infantil e o privilégio branco é destinado a bebês e crianças bem pequenas quando se relacionam com o espaço, com as professoras e suas/seus colegas de turma.

No próximo tópico, discutiremos acolhimento, segurança e afeto, em uma perspectiva antirracista e inclusiva.

O seu olhar melhora o meu: segurança, afeto e trocas

Joaquim, de 7 meses (negro), chegou no colo de sua mãe, era um dia frio, e o bebê estava silencioso e um pouco sonolento. Ao chegar à sala, ouviu a voz de sua educadora dizendo: "Cadê o bebê lindo da Bel, cadê o menino sorridente?". Ao ouvir, ele projetou seu corpo em direção a ela e sorriu, a mãe o entregou para a professora, que o pegou no colo, o abraçou e olhou em seus olhos.

Essa cena do cotidiano demonstra que o tom de voz, o afeto durante o primeiro contato no espaço educacional contribuem para o sentimento de pertença e bem-estar. O acolhimento afetuoso é importante para o bebê e sua família, que, ao perceber um ambiente acolhedor, se sente segura na escolha de partilhar cuidados e educação de seus bebês ou crianças.

Considerando as peculiaridades do cotidiano de instituições, convido você a garantir colo, olhar e toque diários a todos. O horário da entrada é uma possibilidade potente para trocas entre adulta e bebê/criança. Pegar no colo, afagar, dizer o nome de todas e todos são possibilidades para esse momento.

Durante os procedimentos no horário de entrada, atente-se e exercite:

– saudar, dizendo o nome;

– estabelecer contato visual.

Garantir que bebês/crianças sejam acolhidos potencializa a segurança e o sentimento de pertença num espaço que tantas vezes é hostil aos seres recém-chegados ao mundo. As crianças maiores podem contribuir nos processos de acolhimento.

Almeida (2008), ao sistematizar os estudos de Wallon, assinala que a afetividade está no centro deles. A pesquisadora afirma:

> A posição de Wallon a respeito da importância da afetividade para o desenvolvimento da criança é bem definida. Em sua opinião, ela tem papel imprescindível no processo de desenvolvimento da personalidade e este, por sua vez, se constitui sob a alternância dos domínios funcionais (Almeida, 2008, p. 344).

Como se vê, para o teórico, a afetividade é um ponto central no desenvolvimento das aprendizagens. O que ele analisava próximo à década de 1950, em contexto bastante distinto da realidade brasileira, contribui para a compreensão da importância de toque, acolhimento, colo nas aprendizagens de bebês/crianças pequenas.

Durante a graduação em Pedagogia conheci um pouco as contribuições de Wallon para o campo da educação, e com as minhas avós, Carmem e Lídia, mulheres pretas, senti a potência do afeto na prática.

Quando pequena, eu queria muito aprender a dançar lambada, ritmo animado que empolgava jovens, adultos e crianças; elas me compraram saias rodadas, colocavam músicas e me faziam sentir preparada para os passos. Certa vez, em uma festa, após meses de incentivo, colos e ensaios, fiquei num canto com um primo mais velho, treinando coreografias, e adultos passavam, sorriam e nos incentivavam a continuar; de repente estávamos dançando no centro do salão, teve até umas jogadas de pernas acrobáticas.

Penso que Wallon e minhas avós corroboram minhas reflexões acerca da importância do afeto para bebês/crianças pequenas, que estão conhecendo o mundo.

Pesquisas apontam que adultas evitam tocar em bebês e crianças negros, que esses recebem menos colo, mesmo quando verbalizam sentir medo. Você reconhece isso em sua prática? Já observou suas companheiras realizando ação semelhante? A seguir, trarei uma cena observada por Oliveira (2004):

Outra situação de recusa ao contato físico aconteceu no parque. Marli (pajem dos bebês de um ano) fez o seguinte comentário: "olha como D. (negro) fica suado com o sol", depois de algum tempo, após ter se referido ao suor do menino, este vem até Marli que estava sentada no chão e tentou abraçá-la, mas quando foi encostar em seu rosto ela disse: "nossa, você está todo suado". Ela sempre enfatizava a questão de D. (negro) ficar suado quando permanecia no sol (Oliveira, 2004, p. 83).

A situação apresentada suscita alguns questionamentos:

- Quem são os bebês que não transpiram em contato com o sol?
- Por que esse é um elemento tão evidenciado pela educadora?
- Como se sente um bebê de 1 ano, diante da recusa de contato físico?

A cena possibilita a reflexão acerca da educação infantil como espaço de educação e cuidado. Transpirar é algo que faz parte da fisiologia das pessoas, que transpiram com ou sem exposição ao sol. Excreções como fezes, urina, secreções bucais, nasais são comuns e não devem afastar a educadora do bebê; ao contrário disso, requerem cuidado, limpeza, uma vez que cuidar e educar se faz binômio indissociável.

Historicamente, pessoas negras são estigmatizadas, e adjetivos como fedida, piolhenta, nojenta são facilmente destinados a elas. Traçando um paralelo entre os adjetivos destinados à população negra, indago: por que o suor de D. causa tantos comentários? Será

Democratização do colo | 39

que exclusivamente ele transpirava ao engatinhar, brincar e andar no parque? O racismo estrutural e os estigmas comuns à população negra estão presentes na ação da educadora?

Olhe para todos que compõem seu grupo e distribua democraticamente, além de seu colo e suas mãos afagadoras de cabelos crespos, lisos, seu olhar, sorrisos, paciência. Certamente haverá dias repletos de episódios de diarreia, choros excessivos, falta de funcionários, entre outras situações que lhe tirarão a poesia; nesses também é preciso dar colo aos bebês/crianças negros. Lembre-se diariamente: educação antirracista se faz de janeiro a janeiro.

A seguir, refletiremos sobre medo, colo e sua distribuição democrática.

"Eu tenho medo e quero colo": *democracia para a primeira infância*

Antes mesmo da escrita deste livro, quando eu falava sobre meu desejo de "gestá-lo", e mostrava o possível título, algumas pessoas queridas reagiram espontaneamente da seguinte forma: "Nossa, democracia é algo tão sério, *né*? Colo para bebê também, mas nunca imaginei a necessidade de democratizar isso"; "Os nomes que você dá para as coisas são sempre *da hora*, eu gosto disso"; "Esse nome é poético e provocativo, coloca coisas importantes juntas, dá curiosidade de ler".

Ao perguntar para uma educadora que participou desde o início da construção deste livro o que pensava sobre o título, ela respondeu: "A primeira coisa que me vem é: bom, se temos que democratizar o colo, é porque o colo não é para todo mundo. E aí vem a pergunta: se não é para todo mundo, quem está ficando fora dele? Quem não tem direito ao colo? A democracia pressupõe a participação de todos, então todo mundo tem direito ao colo, todos participam desse movimento, dessa relação de afeto, de ser acolhido por alguém. Quem não está sendo acolhido? Esse nome causa um monte de reflexão, e a continuação do título – *educação antirracista para e com bebês e crianças pequenas* – suscita: então quer dizer que desde a primeira infância as pessoas já sofrem racismo? Um bebê sofre racismo? Ler esse título é muito chocante".

Ao ouvi-la, entendi que havia conseguido comunicar discussões que me movimentaram para a escrita. É digno de nota que fui uma bebê preta que frequentou a creche a partir dos 4 meses e pouco guardo de lembranças dessa fase da vida, mas, ao longo dos anos dedicados ao trabalho com bebês e crianças pequenas, flagrei muitas situações de restrição de colo, afeto, olhares.

As pesquisas realizadas por Fabiana Oliveira, Cintia Cardoso e Eliane Cavalleiro, somadas às experiências vivenciadas no interior de espaços educacionais da cidade de São Paulo, reforçam a necessidade de discutirmos a democratização do colo, já que ele não é distribuído para todos.

Ter medo geralmente é algo corriqueiro nos seres humanos; crianças e adultos, em algum momento da vida, terão medo de algo. Ao se tratar de bebês e crianças pequenas, abaixar-se, manter contato visual e corporal, dar colo são possibilidades potentes de acolhimento durante o momento de desconforto.

É falaciosa a afirmação "somos todos iguais", tampouco é verdadeiro o fato de que recebemos tratamentos idênticos; o racismo, a gordofobia, a misoginia, o capacitismo, entre outros fatores, incidem diretamente sobre a experiência que cada pessoa terá com o mundo. O convite é que você distribua acolhimento para todas e todos que assim necessitarem.

Metafórica e literalmente, uso o colo como elemento central a ser democratizado, mas existe uma série de outras reflexões a serem feitas que envolvem tal ato democrático. Em 2004, quando atuava em uma instituição privada de educação infantil na cidade de São Paulo, ouvi o seguinte comentário de uma professora: "Meu Deus, como o cocô de G. cheira forte, quando esse menino vem eu já me preparo que vai ser ó... Tadinho, parece que come urubu".

Essa frase foi dita e seguida de risadas por ela e pelas outras professoras. As colegas de trabalho riram e concordaram com o comentário; eu, que não tinha o acúmulo de leituras e reflexões que tenho hoje, me incomodei, mas não sabia muito exatamente o motivo. Era o único bebê negro, gordo, sendo considerado o mais fedido, em relação aos demais. Imediatamente me pus a pensar: cocô de quem é cheiroso? Quantas adultas, bebês e crianças dessa instituição produzem fezes cheirosas? Concluí que o problema não eram exatamente as fezes, tampouco a troca de fraldas, momento realizado de modo respeitoso com os outros bebês e crianças; a questão central era: trocar fraldas de um bebê negro.

A democratização do colo também se dá na pedagogia da presença respeitosa, que existe no ato de trocar um bebê/criança negro. Olhar nos olhos, tocar a pele e dedicar atenção individualizada são caminhos para a efetivação de práticas inclusivas e acolhedoras.

O momento da entrada, das refeições, da higiene, das trocas, do sono, durante as atividades de expressão gráfica, contação de histórias, entre todos os outros, consiste em espaços que necessitam de planejamento atento às relações raciais e às necessidades de bebês/ crianças, sobretudo aqueles e aquelas historicamente negligenciados pelo Estado, pelos meios de comunicação, pela Igreja, entre outras instituições que têm o dever de proteger.

No próximo capítulo, serão apresentados alguns conceitos importantes para o fomento de vivências antirracistas nos cotidianos que atendem as infâncias.

Referências

ALMEIDA, A. R. A afetividade no desenvolvimento da criança. Contribuições de Henri Wallon. *Inter-Ação*: Rev. Fac. Educ. UFG, Goiânia, v. 33, n. 2, p. 343-357, jul./dez. 2008.

BENTO, C. *O pacto da branquitude*. São Paulo: Companhia das Letras, 2022.

CARDOSO, C. *Branquitude na educação infantil*. Curitiba: Editora Appris, 2021.

CAVALLEIRO, E. *Do silêncio do lar ao silêncio escolar*: racismo, preconceito e discriminação na educação infantil. São Paulo: Contexto, 2015.

hooks, b. *Ensinando a transgredir*: a educação como prática da liberdade. Tradução de Marcelo Brandão Cipolla. 2. ed. São Paulo: Editora WMF Martins Fontes, 2017.

INSTITUTO BRASILEIRO DE ESTUDOS E APOIO COMUNITÁRIO. *Nascidos para ler no melhor lugar para se viver*. Disponível em: https://www.ibeac.org.br/nascidos-para-ler-no-melhor-lugar-para-se-viver/. Acesso em: 20 set. 2024.

KILOMBA, G. *Memórias da plantação*: episódios de racismo no cotidiano. Rio de Janeiro: Editora Cobogó, 2020.

NUNES, M. D. F. *Histórias de ébano*: professoras negras de educação infantil da cidade de São Paulo. 2012. Dissertação (Mestrado em Educação) – Programa de Pós-Graduação em Educação da Faculdade de Educação, Universidade de São Paulo. São Paulo, 2012. Disponível em: https://teses.usp.br/teses/disponiveis/48/48134/tde-04072012-125319/publico/MighianDanaeFerreiraNunes.pdf. Acesso em: 28 jul. 2024.

NUNES, M. D. F. *Primeira infância no centro*: garantindo o pleno desenvolvimento infantil a partir do enfrentamento ao racismo. Disponível em: https://www.geledes.org.br/wp-content/uploads/2022/06/Infancia-negra-uma-reconstrucao-necessaria.pdf. Acesso em: 28 jul. 2024.

NUNES, M. D. F. Sociologia da infância, raça e etnografia: intersecções possíveis para o estudo das infâncias brasileiras. *Revista Eletrônica de Educação*, v. 9, n. 2, 2015. Disponível em: https://www.reveduc.ufscar.br/index.php/reveduc/article/view/1115/417. Acesso em: 28 jul. 2024.

NUNES, M. D. F. *Mandingas da infância*: as culturas das crianças pequenas na escola municipal Malê Debalê, em Salvador (BA). 2017. Tese (Doutorado em Educação) – Faculdade de Educação, Universidade de São Paulo. São Paulo, 2017. Disponível em: https://teses.usp.br/teses/disponiveis/48/48134/tde-05122017-130043/publico/MIGHIAN_DANAE_rev.pdf. Acesso em: 28 jul. 2024.

NUNES, M. D. F. Cadê as crianças negras que estão aqui? O racismo (não) comeu. *Latitude*, v. 10, n. 2, 2018. Disponível em: https://www.seer.ufal.br/index.php/latitude/article/view/2616/pdf_1. Acesso em: 28 jul. 2024.

NUNES, M. D. F. Educação antirracista para crianças pequenas: ideias para começar um novo mundo. *Rev. Zero-a-Seis*, Florianópolis, v. 23, n. Especial, jan., 2021. Disponível em: https://periodicos.ufsc.br/index.php/zeroseis/article/view/79002/45375. Acesso em: 28 jul. 2024.

OLIVEIRA, F. de. *Um estudo sobre a creche*: o que as práticas educativas produzem e revelam sobre a questão racial?. 2004. Dissertação (Mestrado em Educação) – Faculdade de Educação, Universidade Federal de São Carlos. São Carlos, 2004. Disponível em: https://repositorio.ufscar.br/bitstream/handle/ufscar/2555/DissFO.pdf?sequence=1&isAllowed=y. Acesso em: 28 jul. 2024.

SILVA, P. B. G. Crianças negras entre a assimilação e a negritude. *Revista Eletrônica de Educação*, v. 9, n. 2, 2015. Disponível em: https://www.reveduc.ufscar.br/index.php/reveduc/article/view/1137/408. Acesso em: 28 jul. 2024.

2
RAÇA, RACISMO, BRANQUITUDE X OS BEBÊS E AS CRIANÇAS PEQUENAS

É coisa de adulto? Raça, racismo, branquitude e infância

Durante os anos que atuei na educação infantil, sobretudo nos espaços que atendem bebês e crianças de até 3 anos, ouvi que racismo não era uma realidade. A compreensão era a de que, na primeira infância, bebês e crianças pequenas estão livres de situações ou manifestações racistas, como se houvesse uma espécie de invólucro/ bolha de proteção. Ocorre que os noticiários, as mídias de comunicação, as redes sociais quase que diariamente revelam situações flagrantes de racismo ocorridas contra bebês e crianças, desde bem pequenas.

Historicamente, existiu e existe um processo de desumanização dos corpos negros, que foram açoitados, assassinados, violentados. Ao longo dos anos a população negra conquistou o título de "ser humano"; entretanto, ações de desrespeito e desumanização ainda são destinadas às pessoas racializadas, especialmente as negras.

Em setembro de 2023, a Assembleia Legislativa de Minas Gerais noticiou que a chance de mulheres negras receberem anestesia durante o parto é 50% menor em relação às mulheres brancas. É possível observar as heranças disso na atualidade, e mulheres negras não escapam dessa lógica de coisificação de seus corpos, nem mesmo no momento de gestar e parir. Talvez os processos de racismo precedam a chegada de bebês negros, uma vez que a gestação e o parto podem ser marcados por violências advindas do racismo.

Refletir sobre infância e racismo exige coragem, compromisso e honestidade! Sim, é preciso olhar com honestidade para os fatos que tantas vezes estão escancarados aos nossos olhos e são ignorados.

Como já apresentado nas páginas anteriores, ao realizar buscas na internet com as expressões "bebês saudáveis", "bebês feios", receberemos imagens que endereçam feiura, pobreza, miséria, ausência de família aos negros. Se, durante a busca, o desejo for encontrar situações que envolvem pessoas negras, isso deve ser indicado expressamente, uma vez que a hegemonia branca que recai também sobre os algoritmos, na ausência do adjetivo, indicará ocorrências envolvendo exclusivamente pessoas brancas.

E novamente a pergunta: é coisa de adulto? Infelizmente, eventos racistas ocorrem com bebês negros mesmo antes de eles nascerem, causando, nas pessoas grávidas de bebês negros, situações bastante distintas das que vivem pessoas que esperam bebês brancos. Desde a compra das fraldas, cujas embalagens geralmente ilustram bebês brancos, até as possíveis violências obstétricas vivenciadas por mulheres negras, esses são elementos que compõem as experiências que antecedem a chegada de bebês negros. Após sua chegada, a falta de representatividade nas imagens dos consultórios pediátricos, a exiguidade de repertório negro nas tramas assistidas em desenhos, filmes também marcam a experiência de bebês e crianças negros.

Os xingamentos e o racismo explícito vivido nas redes sociais também são experiências que atravessam as infâncias negras; então, infelizmente, a resposta é: não! Racismo também é coisa que acomete

46 | Papirus Editora

bebês/crianças. Desde muito cedo, estão submetidos a ele, e, no caso das crianças brancas, dependendo das experiências, terão repertório para propagá-lo precocemente.

Raça e racismo

Ao historicizar o conceito de raça, Kabengele Munanga (2003) afirma que o termo já foi utilizado para designar espécies de plantas e animais, no sentido de marcar características de cada espécie.

No século XIX, o antropólogo Francis Galton cunhou o termo "eugenia" ou "bem-nascido", que evidenciava superioridade das pessoas brancas em relação às negras. A ideia de branquear a sociedade era perseguida como forma de "limpeza", elevação social. Nessa altura, o conceito de raça não marcava exclusivamente as espécies de plantas ou animais, mas assinalava diferenças hierárquicas, considerando a população negra como inferior. A teoria afirmava que as características físicas de uma pessoa negra imprimiam a ela maior propensão à criminalidade. Com base nisso, teorias racistas foram difundidas, e o termo "raça" passou a ser utilizado para distinguir os "bem-nascidos" – população branca – dos outros.

Como se vê, o termo "raça", que outrora designava espécies de plantas e animais, passou a hierarquizar pessoas, sendo a população negra considerada inferior. O conceito foi socialmente construído, e essa ideia permanece no imaginário social até a atualidade. Pessoas negras, comumente, são tratadas como criminosas, menos capazes, feias, quando comparadas com as brancas.

Kabengele Munanga (1998) assinala que a raça está intimamente relacionada ao racismo e afirma que nada tem de biológico na utilização que fazemos na atualidade. É impossível justificar diferenças biológicas entre as pessoas; ao contrário disso, as raças são fictícias ou sociais. Segundo o autor, é com base nessas construções que se reproduzem e mantêm os racismos populares.

Como aponta o jurista Silvio Almeida (2019), o racismo pode ser caracterizado como processo histórico e político que cria as condições sociais para que, direta ou indiretamente, grupos racialmente identificados sejam discriminados. Ocupar ou não espaços de prestígio social, ganhar salários maiores ou menores, geralmente, são fatores atravessados pelo racismo.

Bebês nascem em uma sociedade marcada pelo racismo e pelas desigualdades e, como já mencionado anteriormente, mesmo antes de sua chegada, as pessoas gestantes já são bombardeadas pelas ausências e presenças racistas durante o pré-natal, compras de objetos, entre outras situações.

Compartilho aqui a preocupação de uma mãe negra durante a montagem do quarto de seu bebê: "Estou muito animada com a chegada de Heitor, esse menino foi tão esperado, antes dele perdemos dois, mas agora vai, esse menino quem me deu foi Oxum. Ele virá. Eu queria montar o quarto dele com um papel de parede de floresta que vi na loja, mas não faria isso com o menino, aquele cenário tinha tantos macaquinhos, os macacos são lindos, mas sabe, *né*?".

A preocupação que essa mãe tem demonstra que o racismo e os estereótipos destinados à população negra atravessam a espera de seu bebê. O que podemos fazer para mitigar situações de racismo na primeira infância?

Desde cedo, as crianças comumente conhecem o lápis "cor de pele"; em uma sociedade em que existe uma diversidade de fenótipos e cores de pele, ainda é comum a utilização dessa expressão. Em uma reunião de familiares numa escola privada da cidade de São Paulo, ocorreu a seguinte discussão: "Acho que esse lápis cor de pele é criação da escola. Valentina chegou semana passada falando isso, eu tentei chamar a atenção dela. A própria babá que é preta repetiu a cor do lápis da mesma forma, eu honestamente não sei como educá-la sem o apoio e as ações de vocês. Com a babá eu já conversei e por isso estou expondo nessa roda".

Para a família em questão, sua filha conheceu essa expressão na escola, e essa vivência faz refletir sobre como conseguiremos quebrar essa cultura, que segue forte nas diversas regiões do Brasil, mesmo nas compostas majoritariamente por pessoas negras.

O racismo incide sobre pequenas e grandes coisas vividas por bebês, crianças pequenas, suas famílias e demais envolvidos nos processos de educação e cuidados. Além das relações pessoais, o currículo também pode ser veículo promotor de racismo. A seguir, trarei o conceito de branquitude, evidenciando a possibilidade de sua existência no cotidiano da primeiríssima infância.

Tome cuidado, que ela é branquinha e esperar para ser trocada pode machucar: branquitude e infância

Ao refletir e escrever sobre branquitude, Cida Bento nos ensina e apresenta a existência de um pacto narcísico que se constitui entre pessoas brancas. Ela aponta: "É evidente que os brancos não promovem reuniões secretas às 5 da manhã para definir como vão manter seus privilégios e excluir os negros. Mas é como se assim fosse". Convida-nos a refletir sobre esse acordo estabelecido tacitamente, que garante que pessoas brancas estejam nos espaços de poder, acessando e controlando bens materiais, culturais.

Garantir a ocupação nos espaços de tomada de decisões e vagas nos cargos de mais altos salários são situações em que a branquitude opera.

Considerando que este livro reflete práticas antirracistas para e com bebês/crianças pequenas, é possível afirmar que a branquitude pode acometê-los? Ações das educadoras, das crianças mais velhas, da gestão da escola, do grupo de famílias podem ser pautadas numa perspectiva de privilégio branco, o que, invariavelmente, incidirá sobre bebês e crianças brancos e negros, sendo que esses últimos estão em situação de desvantagem.

A seguir, uma cena vivenciada por um grupo de crianças de 3 anos, famílias e educadoras.

As famílias participavam dos preparativos da festa junina, na qual seria eleita a *"miss* caipirinha", por meio de venda de votos. Ao observar o total de candidaturas da unidade, perceberam que, de dez candidatas, três eram do agrupamento em questão. Desse modo, entenderam que apoiar uma delas e concentrar a compra de votos seria uma possibilidade de garantir a vitória de alguém da turma. Das três, uma era preta de pele retinta,[1] outra parda de cabelos encaracolados e uma delas branca com cabelos claros e olhos verdes. As famílias fizeram uma votação, e a última criança descrita (a menina branca) foi a escolhida para ser a representante da turma Lua. A maioria das candidatas era negra, a maior parte de quem votou era branca. Essa foi uma grande oportunidade da celebração do pacto da branquitude, quando um grupo de pessoas brancas votou na menina branca, o que possibilitou que ela permanecesse no lugar-comum à população não racializada: o lugar de destaque.

Essa e outras situações corriqueiras que ocorrem com os bebês, crianças e suas famílias revela o quanto acontecimentos cotidianos são permeados pelos privilégios da população branca, independentemente de qual seja a classe social dos envolvidos.

É importante evidenciar que o privilégio destinado aos brancos não é algo de que se pode abrir mão; brancos são privilegiados, quer queiram, quer não! Ter os cabelos afagados pela professora, ver imagens com pessoas parecidas consigo, poder ser princesa ou príncipe da Disney, ter uma personagem parecida, tudo isso é privilégio de bebês e crianças brancos sem deficiência, que, pedindo ou não, gozarão desse privilégio.

Construir ambientes onde a presença negra é considerada e valorizada está diretamente relacionado às reflexões sobre o lócus que a branquitude ocupa na instituição, na sala e na turma em que

---

1. Grande concentração de melanina, pele escura.

você atua. Reflita sobre seu cotidiano, desde a sua entrada até a última atividade desenvolvida com bebês e crianças. Há pactos narcísicos sendo promovidos pela instituição, pelas famílias, por você? Olhe com criticidade e empreenda esforços em prol de vivências antirracistas, seja numa perspectiva curricular, na mediação com as crianças, nas relações com as outras educadoras.

A seguir, trarei algumas reflexões sobre o racismo recreativo e as vivências entre bebês/crianças nas instituições de educação infantil.

Racismo recreativo e o cotidiano de bebês e crianças

O jurista Adilson Moreira aponta para a existência de algo denominado racismo recreativo, que é caracterizado pelas "brincadeiras" aparentemente inofensivas, além da representação de modo caricato da população negra. Apelidar com palavras como urubu, negão, macaco, escuro, entre outras (comumente destinadas a pessoas negras), geralmente é prática carregada de racismo. Se outrora algumas violências eram tidas como brincadeiras, na atualidade é possível nomear e identificar situações nas quais o racismo é posto de modo camuflado.

Durante a rotina com suas colegas, desde a sala das professoras (lugar onde muito se diz sobre os bebês e as crianças), observe como se referem a bebês e crianças negros: esses são tratados por apelidos ou eufemismos como "moreninho"? Observar as ações de todas as educadoras e trazer para o debate situações aparentemente racistas pode contribuir para vivências mais respeitosas e livres de racismo.

As reuniões de familiares, as festas que acontecem nas instituições são ocasiões importantes para dialogar sobre algo presente nas vidas de bebês, crianças e pessoas adultas.

Atentar aos "memes" racistas recebidos pelas mídias de comunicação e cuidar para não os replicar é papel de todas nós que somos educadoras e pensamos nas infâncias. É importante atentar à representação das pessoas negras em livros, bonecas/bonecos, cuidando para que não tragam estereótipos e situações nas quais sejam apresentadas de modo jocoso.

Para finalizar o Capítulo 2, farei a última discussão no ponto a seguir, que versará sobre intolerância religiosa.

Primeira infância e intolerância religiosa

O Estatuto da Criança e do Adolescente assevera que bebês e crianças pequenas têm direito de professar fé. Considerando que estão em fase de desenvolvimento e conhecimento do mundo, cabe à família a escolha acerca do pertencimento religioso nos primeiros anos de vida.

Recentemente, foi amplamente veiculado o vídeo de um líder religioso agredindo fisicamente um bebê preto, durante o rito de batismo. Diante do choro, o sacerdote da Igreja católica manuseou bruscamente o pescoço do bebê. A meu ver, a gélida pia batismal, a água a ser jogada abruptamente, além da posição de recebimento do sacramento, ignoram o fato de que bebês e crianças pequenas são sujeitos de direitos.

Longe de criticar a fé cristã católica, apenas convido à reflexão sobre a necessidade de adequações do ato, que deve considerar a existência do bebê/criança e suas necessidades para aquele momento. Diante das cenas exibidas, é possível inferir que o racismo existiu durante o sacramento de batismo do bebê negro, que foi vilipendiado no ato que deveria acolhê-lo.

Pensar sobre religião e infância pode parecer desnecessário, mas a situação descrita contribui para apresentar a necessidade de observar a participação das crianças em situações que envolvem religiosidades.

O pesquisador em semiótica, escritor e babalorixá Sidnei Nogueira (2020), ao escrever sobre intolerância religiosa, chama atenção para o fato de que as religiões de matriz africana são vítimas de perseguição, desrespeito e violência. Ele ainda acrescenta que, ao adentrar em cidades como Sorocaba, e eu cito Pirassununga, existem símbolos expressos da fé cristã, que são exibidos sem resistência por parte da população. Ao adentrarmos hospitais, prédios públicos, escolas, é possível observar a presença de crucifixos, imagens, bíblias, quadros que retratam a fé cristã católica. Ocorre que, se o mesmo acontecer com objetos relacionados a umbanda, candomblé, provavelmente o acolhimento não será o mesmo.

Durante atividade profissional em uma cidade no estado de São Paulo, ministrei uma formação no púlpito de uma Igreja evangélica e, ao me deparar com aquela situação, perguntei para as educadoras se elas aceitariam, de forma passiva e tranquila, caso o convite fosse para participar da formação em um terreiro. O silêncio foi "ouvido" por um minuto após a provocação.

Refletir sobre as religiões de matriz africana e o direito ao colo e vivências respeitosas para e com bebês e crianças pequenas é algo importante, uma vez que os noticiários, jornais de grande circulação, não raras vezes, veiculam violências sofridas por crianças e suas famílias que professam fé em religiões de matriz africana.

Certa vez, ocorreu a seguinte situação em uma rede pública no estado de São Paulo: a mãe levou seu filho de 2 anos para a creche, o menino havia passado por procedimento religioso e por isso utilizava indumentária, que não deveria ser retirada. Ocorre que diariamente o contra egum[2] do bebê voltava dentro de sua mochila. Após cinco dias, a mãe questionou o motivo da não utilização na escola, e as professoras responderam dizendo que o contra egum voltava na mochila, pois diariamente caía dos dois braços do bebê. Diante dessa resposta, a mãe questionou: "Mas considerando que na educação infantil o cuidar e educar andam juntos, além do fato de vocês colocarem a calça, os tênis dele toda vez que caem, por que não recolocar o contra egum?".

---

2. Composto por fios de palha que formam um trançado semelhante a uma corda, o contra egum é um forte amuleto de proteção que serve como uma ferramenta para ancorar as forças positivas, evitando a influência de energias negativas ao redor do indivíduo.

Essa pergunta nos faz refletir sobre o papel da educação infantil, sobre os entraves que existem diante do racismo religioso e de todos os estereótipos que recaem aos praticantes de religiões de matriz africana.

Pensar que bebês e crianças têm direito de acompanhar suas famílias em suas religiões é considerar que todos e todas gozam desse direito, não apenas aqueles que professam fé cristã.

Outro fato que deve ser considerado e pode ser enquadrado na intolerância religiosa é o desrespeito diante das possíveis restrições alimentares advindas do pertencimento religioso. É comum familiares optarem pelo vegetarianismo, veganismo, e essas situações, apesar de questionadas, geralmente são respeitadas pelas instituições educadoras. Ocorre que, se o motivo da restrição alimentar estiver relacionado a religiões de matriz africana, é possível que haja resistência e intolerância. Desse modo, as convido a refletir com base na perspectiva do direito e do antirracismo.

Não pretendo eleger religiões boas ou ruins, apenas chamar atenção ao fato de que bebês e crianças pequenas umbandistas, candomblecistas, precisam de afeto, afago, acolhimento e colo, tanto quanto os de outra religião.

As palavras são respeito e acolhimento. Gestora, professora, todas as educadoras que atuam em espaços formais, mães e pais, convido a acolher, respeitar e valorizar as presenças de todos os bebês e crianças pequenas; lembrem-se de que eles são sujeitos de direitos, estão em fase de desenvolvimento e precisam de vocês!

Referências

ALMEIDA, S. *Racismo estrutural*. São Paulo: Jandaíra, 2019.

BENTO, C. *O pacto da branquitude*. São Paulo: Companhia das Letras, 2022.

CARDOSO, C. *Branquitude na educação infantil*. Curitiba: Editora Appris, 2021.

MOREIRA, A. *Racismo recreativo*. São Paulo: Jandaíra, 2019.

MUNANGA, K. *Superando o racismo na escola*. Belo Horizonte: Autêntica, 1998.

MUNANGA, K. (org.). *Superando o racismo na escola*. Brasília: Ministério da Educação, 2001.

MUNANGA, K. Uma abordagem conceitual das noções de raça, racismo, identidade e etnia. *In*: SEMINÁRIO NACIONAL RELAÇÕES RACIAIS E EDUCAÇÃO, 3., 2003, Rio de Janeiro.

NOGUEIRA, S. *Intolerância religiosa*. São Paulo: Jandaíra, 2020.

SCHUCMAN, L. V. *Entre o "encardido", o "branco" e o "branquíssimo"*: raça, hierarquia e poder na construção da branquitude paulistana. 2012. Tese (Doutorado em Psicologia) – Instituto de Psicologia. Universidade de São Paulo, São Paulo, 2012. Disponível em: https://www.teses.usp.br/teses/disponiveis/47/47134/tde-21052012-154521/publico/schucman_corrigida.pdf. Acesso em: 20 set. 2024.

Indicações de vídeos para formação continuada

DÚDÚ e o lápis cor da pele. [*S. l.: s. n.*], 2018. 1 vídeo (19min3s). Publicado pelo canal Produtora de Filmes Take a Take. Disponível em: https://youtu.be/-VGpB_8b77U?si=gUwgXV3CCVCePtUd. Acesso em: 2 abr. 2024.

VISTA minha pele. [*S. l.: s. n.*], 2011. 1 vídeo (26min44s). Publicado pelo canal CEI Rosa da China. Disponível em: https://www.youtube.com/watch?v=JIvjTmQgXOA. Acesso em: 2 abr. 2024.

3
EDUCAÇÃO PARA AS RELAÇÕES ÉTNICO-RACIAIS, A MOTRICIDADE LIVRE E O COTIDIANO NAS INSTITUIÇÕES DE EDUCAÇÃO INFANTIL

Relações étnico-raciais e infância

Ao propor estudos e reflexões sobre educação para as relações étnico-raciais na primeira infância, é possível que você se depare com alguns questionamentos, como:

- Mas isso é mesmo preciso com crianças tão pequenas?
- Há eficácia em ações antirracistas promovidas nos primeiros anos de vida?
- Bebês e crianças pequenas não são seres dóceis e afáveis, sendo esse conteúdo inapropriado?

Como já apresentado nos capítulos anteriores, pesquisas indicam que o racismo incide sobre corpos negros desde muito cedo. Em uma situação de trabalho, conheci uma colega, mulher preta retinta, que, ao narrar seu nascimento, relatou: "Assim que o médico me tirou da barriga da minha mãe, ele disse: que linda, parece uma mulata do Sargentelli".[1]

Esse bebê sofreu racismo, ou seria apenas uma brincadeira inofensiva realizada pelo médico? Seriam bebês brancos submetidos ao mesmo comentário? Não tenho aqui o objetivo de desqualificar as mulheres que figuravam como dançarinas, mas é preciso refletir: o que motiva um adulto branco a comparar um bebê negro do sexo feminino a uma mulher que dança em festas e casas noturnas?

A situação apresentada evidencia que a hipersexualização de corpos, que acomete mulheres e homens negros, se estende a corpos recém-chegados ao mundo.

Como já apresentado, durante o recebimento do sacramento do batismo, um líder religioso da Igreja católica pegou abruptamente no pescoço de um bebê negro, enquanto o pequeno chorava copiosamente. Tal ação precisa ser evidenciada, denunciada e exposta, uma vez que houve publicamente manifestação de violência e violação de direitos.

Compreender que alguns corpos não gozam do direito de existir como outros é fundamental para que consigamos compreender a necessidade de pensar o antirracismo desde cedo.

Convido a refletirmos juntas sobre a educação das relações étnico-raciais, para que a primeira infância seja vivenciada de forma saudável por bebês e crianças negros e suas famílias.

Tocar, abraçar, acariciar os cabelos, dar colo, sorrir, trocar olhares são fazeres importantes; por isso, professoras, mães, pais, familiares, responsáveis, educadoras, indico veementemente:

DEMOCRATIZEM O COLO!

---

1. Sargentelli foi um radialista, apresentador de televisão e empresário da noite brasileiro. Consagrou-se como produtor das "Mulatas do Sargentelli", grupo de mulheres negras que se apresentavam dançando em *shows*.

A seguir, trarei reflexões importantes sobre respeito à liberdade e, ao mesmo tempo, acolhimento aos bebês e crianças pequenas.

Motricidade livre, bebês e crianças negros

Quero iniciar este tópico referenciando a pedagoga, pesquisadora e especialista em reorganização de instituições que atendem bebês e crianças pequenas Leila Oliveira, mulher negra com quem muito aprendi em 2022, quando atuava em uma rede municipal de educação no estado de São Paulo. Sua pesquisa contribui para a compreensão da abordagem Pikler, iniciativa húngara que preza pela liberdade e autonomia de bebês e crianças pequenas.

Entre as premissas da abordagem está o fato de que bebês e crianças pequenas devem fazer por si tudo aquilo que tiverem condição de realizar.[2] Além disso, a abordagem considera a existência das diferenças, e é com o atendimento e o respeito a elas que será possível a integração de todos os bebês e crianças.

Respeitar o espaço dos bebês, tocá-los quando necessário, evitar fazer por eles o que podem fazer, além de ofertar segurança, são preocupações da abordagem húngara, que atualmente é referência mundial para o atendimento de bebês. Por esse motivo, apresento brevemente aqui essa abordagem e as convido para que aprofundem seus estudos.

Entre muitas ações que os bebês podem realizar de modo autônomo, estão: levantar o braço para ajudar na colocação ou retirada de roupas, levantar as pernas durante a troca de fraldas, virar-se, rolar, levar objetos à boca, além de muitas outras que precisam ser percebidas por nós, adultas, que cuidamos e educamos.

---

2. Para saber mais sobre a importante abordagem, que é referência no atendimento à primeira infância, ver Falk (2010).

É fundamental que a liberdade para brincar e movimentar-se seja premissa aos fazeres diários. Possibilite que fiquem em superfícies firmes e com temperatura agradável (atentar ao frio, ao calor), não antecipe movimentos e posições que não consigam sustentar sozinhos. Mantenham pés, pernas, mãos e braços livres, para que desenvolvam movimentos livremente. As experiências que terão desde os primeiros dias são importantes para esse processo de conhecer o mundo.

Se observarmos os bebês com base na potência de seus saberes, concluiremos que eles têm repertório vasto e que conseguem participar em diversos momentos da rotina de cuidados.

De uma parte, as pesquisas indicam que bebês e crianças negros são menos tocados, recebem menos afeto, têm seus cabelos menos afagados; de outra, a abordagem supramencionada tem como reflexão central a liberdade e a autonomia. Diante dessa dicotomia, como pensar a presença da referência mundialmente conhecida, considerando as necessidades reais de bebês e crianças negros brasileiros?

É importante que a abordagem não seja utilizada de forma equivocada e que o abandono dos corpos negros não seja justificado com falas como: "Mas estou apenas deixando ele fazer sozinho o que pode fazer por si"; "Não toquei nele, pois é preciso tocar pouco, quando necessário".

Essas foram frases proferidas por duas educadoras de uma turma de bebês que tinham entre 6 e 18 meses. Ao serem questionadas sobre a falta de colo, toque e apoio para subir em um pequeno obstáculo que havia dentro da sala, destinado a um bebê negro de 7 meses, elas utilizaram premissas anteriormente estudadas, a fim de justificar situações de desatenção àquele bebê.

O estabelecimento de relações generosas e de confiança é um elemento essencial e central na abordagem pikleriana; desse modo, numa perspectiva antirracista, é preciso pensar nos toques, na liberdade, com base na ideia de que bebês e crianças negros são sujeitos de direitos, assim como os brancos. O abandono, a falta de assistência nunca poderão ser justificados como resultado das reflexões e experiências do Instituto Lóczy.

Durante os anos em que acompanhei o fomento de políticas educacionais para educação infantil em uma rede municipal no estado de São Paulo, ouvi das colegas que, durante visitas realizadas em unidades que atendiam bebês de até 3 anos, presenciavam cenas em que bebês negros estavam escanteados, sem sapatos, com nariz sujo. Em uma das ocasiões, o objetivo central era observar registros, espaços, mas saltou aos olhos de todas o evidente abandono de um corpo pequeno, negro e masculino, no espaço que deveria ser protetor/ garantidor de direitos.

Bebês e crianças negros, assim como os brancos, precisam de atenção, cuidados, afeto e muita segurança, a fim da conquista da liberdade. Estar junto, garantir condições necessárias para a construção de segurança são seus papéis na qualidade de educadora.

Considerando o racismo presente desde a primeira infância, é importante a reflexão de que geralmente bebês negros não serão alvos de toques excessivos e desnecessários, não terão pessoas desejando fazer por eles o que podem fazer, já que, para esses, são destinadas ausências.

Reflita sobre as premissas apresentadas pela abordagem Pikler com base na realidade racista brasileira, na qual alguns sequer são tocados, vistos e considerados no cotidiano educacional. Isso contribuirá para que todas e todos construam segurança para uma motricidade livre.

A seguir, trarei algumas reflexões sobre a troca de fraldas, uma vez que esse pode ser lócus privilegiado para propagação de racismo, mas também para construção de relações de segurança e confiança entre bebês e suas educadoras.

Troca de fraldas de bebês e crianças negros

O momento de troca de fraldas suscita muitas discussões nas educadoras. Há quem diga não ser seu papel, outras relatam ter certeza de que a ação integra a ideia de indissociabilidade dos cuidados e da educação.

Durante os 20 anos em que atuei (e atuo) com educação infantil, ora diretamente como professora de bebês, ora indiretamente como coordenadora pedagógica, formadora em Secretaria Municipal de Educação e assessora em unidades educacionais, concluí que comumente o momento das trocas é pouco planejado, refletido, organizado. Em muitas realidades, destina-se tempo de forma mecânica, quando as profissionais fazem gestão do tempo, a fim de garantir que todas e todos fiquem limpos, sem assaduras e confortáveis para suas vivências cotidianas, como brincar livremente, engatinhar, andar, pisar na grama, entre outras possibilidades.

É comum que bebês precisem de colo, troca, alimentação simultaneamente, e, nesses momentos, é preciso fazer escolha de qual será atendido primeiro, quem ganhará colo, quem precisará esperar mais ou menos tempo.

Como intencionalmente já mencionei uma série de vezes, pesquisas apontam que os bebês que mais esperam em momentos como os descritos anteriormente são os meninos pretos. Esperar para ser trocado muitas vezes causa erupções na pele das partes íntimas de quem fica exposto a fezes e urina por tempo prolongado.

É evidente que a rotina em uma instituição de educação infantil é desafiadora e que alguém esperará em algum momento. Quero chamar atenção para os critérios adotados para a escolha de quem será atendido por último. Bebês meninos negros não podem ser *sempre* os últimos a receber cuidados, tendo como única causa o racismo, tantas vezes veladamente presente no cotidiano. Observar as necessidades de cada um, os choros, o tempo de espera, o que antecedeu aquele momento (por exemplo, um bebê que caiu, ou ainda que não passou bem a noite anterior, ou teve febre horas antes do episódio de choro) contribuirá para a escolha de quem irá esperar.

Faça uma reflexão individual e bastante íntima sobre quais têm sido os critérios estabelecidos por você na escolha de quem espera mais e menos. Em caso de percepção de racismo ou sexismo, leia, converse com suas parceiras, com a coordenação pedagógica, assuma a existência desses fatores e repense suas práticas diárias. Lembre-se: bebês e crianças estão conhecendo o mundo, experienciando, e sua participação é importante.

O racismo estrutural fez com que algumas de nós tivéssemos pouco contato com pessoas negras em nossas trajetórias escolares, acadêmicas, profissionais, e isso talvez incida em dificuldades de contato com o corpo negro. Com base na premissa de que os toques durante as trocas e os cuidados devem ser feitos quando necessários e sabendo que historicamente bebês negros não são tocados, oferte a meninas e meninos negros vivências repletas de toques respeitosos e trocas de olhares, palavras, sorrisos.

Lidar com o racismo, possivelmente presente em você, é algo desafiador, que exige coragem e compromisso. É possível que em seu interior você pense:

- falam muito sobre cabelos crespos, mas eles são feios mesmo;

- esses bebês negros de fato se assemelham a macacos, e nem sei por que há tanta discussão em torno disso;

- o mundo está tão chato, não se pode fazer uma brincadeira, não pode falar nada que já aparecem os mi-mi-mis.[3]

---

3.   Falas de educadoras de uma rede privada de ensino.

A desconstrução do racismo individual é algo de responsabilidade de cada uma de nós, e, como educadoras, é fundamental garantir que todas e todos sejam respeitados e atendidos em suas necessidades.

Em relação às trocas de fraldas, convide bebês e crianças a participar ativamente do processo; é possível que ajudem segurando a pomada, a fralda, levantando e abaixando as pernas, indicando caminhos para que a troca seja confortável.

Planeje os rituais de cuidado, organize o ambiente e possibilite que bebês negros, racializados e brancos sintam-se pertencentes ao espaço de trocas.

Como já apresentado em páginas anteriores, historicamente pessoas negras são estigmatizadas e adjetivadas como malcheirosas, feias, entre outras marcas negativas. Os estigmas não excluem os bebês, que comumente são tidos como pesados (e por isso não ganham colo), suas fezes são mais fétidas, o que é motivo de comentários das adultas. Volto a dizer sobre a necessidade de enfrentar com coragem o racismo possivelmente presente.

Fezes cheiram mal! Excreções de nariz, olhos são desagradáveis, seja de bebês brancos ou não brancos. Desse modo, é importante que os cuidados ofertados durante o cotidiano sejam realizados de forma equânime e livre de estereótipos.

Atentar criticamente às suas escolhas, e às não escolhas, contribuirá para práticas livres de racismo.

Minha experiência como educadora de bebês bem pequenos na cidade de São Paulo me faz rememorar quantas coisas racistas eram ditas de forma sutil (ou não) nos momentos de trocas.

Bebês e crianças encontram-se em alguma medida vulneráveis, tendo seus corpos tocados pelas adultas e pelos adultos envolvidos em seus processos de cuidados e educação. Garantir respeito, segurança, contato com a pele, olhares e o máximo de conforto possível para o momento é fundamental para boas experiências de bebês e crianças negros e brancos nos espaços educacionais.

Trocar fraldas e realizar cuidados diários integram os fazeres na educação infantil, e, nesse sentido, pensar antirracismo para essas ações é preciso. Planeje vivências antirracistas, respeitosas, de escuta qualificada.

A seguir, tratarei do momento de alimentação e das possibilidades de vivências antirracistas durante esse fazer diário e importante para todas as pessoas que atuam nas instituições que atendem a primeira infância.

Alimentação e antirracismo

Diariamente, bebês e crianças alimentam-se nas instituições de educação infantil. Ao mesmo tempo em que o ato de comer nutre, o rito para momentos de refeições possibilita interações importantes.

Entendo que o cotidiano nas instituições pode ser marcado por um número elevado de bebês, que possivelmente choram por fome, sono ou outras razões, antes e durante as refeições.

Lembro-me de um bebê que diariamente virava o prato na mesa e, após essa ação, recolhia grãos isoladamente, levando-os à boca. Inicialmente eu ficava brava e desapontada com a repetição daquele ato; o que eu não percebia é que, quando eu chegava perto, com a colher (ele não tinha outra colher, ao menos para participar daquele momento tão importante), eu ditava o ritmo, a quantidade, a temperatura que ele comeria. Respeitar, esperar, oportunizar que os bebês manuseiem os alimentos, escolham, sintam texturas, sabores, aromas distintos, tudo isso é imprescindível para as vivências nos momentos de alimentação.

Oferecer a refeição com o bebê no colo e em pequenos grupos são ações que qualificam esse momento tão importante para nutrição, socialização e experiências de bebês e crianças. Organizar mesas e cadeiras seguras para os mais velhos, possibilitando o movimento livre, também contribuirá para a gradativa conquista de autonomia e segurança.

O olfato, o tato e o paladar estão ativos e participam dos momentos de alimentação. Possibilitar ocasiões de pausas, respeitando a mastigação, é importante para que os processos de saciedade e digestão aconteçam de modo adequado. É preciso dar espaço para o bebê sentir o funcionamento de seu corpo e respeitar os sinais de fome, saciedade, vontade.

É evidente que não pretendo aqui prescrever fórmulas a serem utilizadas no espaço em que você atua, mas trazer reflexões para que você conheça as possibilidades reais e se adapte.

É preciso pensar intencionalmente nos bebês e crianças negros. O momento de alimentação também pode ser espaço para propagação de racismo. Observe quem são os bebês que choram por mais tempo esperando para serem alimentados, veja quais são os que não ganham colo, ou quais são estigmatizados ao comer com as mãos.

Quando atuava em uma Secretaria Municipal de Educação, estava analisando alguns vídeos relacionados à alimentação, e, em um deles, a professora colocava uma colher de metal abruptamente na boca de um bebê negro, fato veementemente desaprovado e repreendido pela equipe técnica. Tratava-se de uma instituição que fora escolhida para ser filmada, uma vez que seu trabalho foi destacado pelas "boas práticas" realizadas nos momentos de alimentação.

Observar o vídeo me fez refletir sobre as práticas vividas no cotidiano daquele espaço, e um questionamento foi insistente: quais são as situações vividas na ausência de câmeras e equipe de filmagens?

Precisamos desvelar as facetas do racismo e novamente ser corajosas em olhar com criticidade para o cotidiano. Os momentos de alimentação devem possibilitar que todos os bebês e crianças sejam alimentados, respeitados, olhados e acolhidos pelas adultas.

Durante os anos em que atuei diretamente em escolas para as infâncias, percebi que é crescente o número de famílias que se declaram vegetarianas e veganas. Destas, parte opta pela mesma escolha para os filhos, e outra entende que seus bebês e suas crianças devem continuar o consumo de carnes e derivados de leite. Vivi muitas tratativas nesse sentido e o que observei foi respeito e acolhimento às situações e decisões desse cunho. Ocorre que, em 2014, me deparei com uma situação que cabe ser trazida para este livro.

Ayana procurou a instituição que seu filho João frequentava, informando que ele passaria por um ritual intitulado iniciação em sua religião, denominada candomblé. Por conta disso, ao retornar ele passaria por um período com restrição alimentar e, dentre alguns itens, não poderia consumir carne de porco. A recepção deu-se de forma tensa, as gestoras disseram que as crianças precisam comer todos os itens do cardápio e que aquela não era uma justificativa plausível para a substituição alimentar. A mãe argumentou informando que havia buscado uma nutricionista e mostrou a prescrição de substituições. Mais entraves foram apresentados pela gestão da instituição, que informou ser impossível seguir com aquele atendimento e que a melhor opção seria deixar João em casa durante esse período. Discordando do tratamento oferecido a ela, buscou o Conselho Tutelar de sua região, que atuou no caso até sua finalização. Depois do retorno de sua iniciação, João voltou para a instituição, e a proteína de porco foi substituída por outra, pelos dois meses solicitados por sua família.

Apesar de existirem outros casos de restrição alimentar de bebês e crianças, a restrição advinda de uma vivência em religião de matriz africana tornou-se um problema que foi enfrentado com a mediação do Conselho Tutelar, órgão que protege direitos de bebês, crianças e adolescentes. O que me chama atenção é que, diante da escolha de famílias vegetarianas e situações semelhantes de restrição alimentar, a tratativa é bastante distinta.

É fato a necessidade urgente de atenção, cuidado e intencionalidade na escolha alimentar de bebês e crianças pequenas; entretanto, é preciso respeito às escolhas de pais veganos, vegetarianos, candomblecistas, umbandistas, adventistas, de forma equânime, pois o contrário disso pode fazer inferir estarmos diante de racismo religioso, quando elementos advindos das religiões de matriz africana são tidos como maléficos aos bebês e às crianças, ao passo que a restrição pelo veganismo, por exemplo, é tida muitas vezes como mais saudável, algo a ser admirado.

Para finalizar esse ponto, trate a alimentação como espaço de antirracismo, cuide dos bebês e crianças, ouça seus desejos e necessidades. Exija que as famílias que fizerem escolhas restritas demonstrem que a ação não trará malefícios para a saúde de seus filhos, mediante o atendimento com profissionais especializados. Atente para que a ação institucional não seja motivada pelo racismo religioso, em casos de situações relacionadas a religiosidades de matrizes africanas ou afro-brasileiras.

Famílias, escuta e acolhimento

Para iniciar esse tópico, quero enfatizar que, quando trago o termo "família", refiro-me à reunião de pessoas que se ligam pelo afeto e por laços, sejam eles sanguíneos ou não. Outro ponto digno de nota é que as diversas composições familiares estão contidas nesse termo, entre elas: duas mães, dois pais, avós, tios, três responsáveis, mães e pais transgêneros, cisgêneros.

Geralmente as famílias se sentem preocupadas, tensas e muitas vezes culpadas diante da decisão de matricular seus filhos e filhas bem pequenos em uma instituição de educação infantil. Acredito que essa situação deva assolar qualquer responsável, sendo algumas possibilidades de preocupação:

– limpeza e organização do espaço;

– concepção metodológica da instituição;

– valor da mensalidade;

– transporte;

– adaptação e sentimento de pertença do bebê ou da criança ao espaço;

- espaços acessíveis e seguros, onde bebês e crianças possam participar das vivências cotidianas com segurança e autonomia.

É possível que, além dessas, existam muitas outras preocupações de famílias em geral, e esse pode ser um momento de tensão para todos os adultos envolvidos.

Diante do que foi apresentado, já pensou quais seriam as preocupações de familiares de bebês e crianças negros? E das famílias de bebês e crianças negros com deficiência, autismo e outros transtornos do desenvolvimento? Considerando o foco central do livro, refletirei mais detidamente nas situações que envolvem negritude, entretanto é importante a compreensão de que há grupos de crianças que passam por situações distintas das de bebês e crianças brancos sem deficiência.

Entre as preocupações que têm as famílias negras podem estar:

- ausência de colo, toque, abraço;

- presença de falas racistas;

- solidão de sua filha ou seu filho;

- o trato que terão os cabelos;

- a falta de representatividade de pessoas, histórias, bonecas/ bonecos que se pareçam com sua criança.

Para além dessas mencionadas, é possível que existam outros motivos de tensões e preocupações relacionadas ao ingresso em uma instituição.

Cresci ouvindo minha avó falando que era preciso estar sempre com os cabelos arrumados, com as roupas bem lavadas e asseadas, uma vez que éramos negras e precisaríamos demonstrar dignidade para ocupar diversos espaços.

À medida que fui crescendo, me pegava comentando coisas como: não entendi o motivo pelo qual não me atenderam na loja, eu estava tão arrumada. Com o passar dos anos, compreendi que a roupa que uso, a forma como me comunico, o fato de ter feito mestrado e doutorado em universidades muito respeitadas no Brasil não me salvam do racismo!

Assim como eu imaginava que algumas estratégias me fariam passar despercebida como uma pessoa negra, observei (durante os anos que atuei diretamente em instituições de educação infantil) que algumas famílias negras tinham estratégias para que seus filhos e filhas fossem queridos, como:

- dar presentes para as educadoras;

- levar as crianças extremamente arrumadas e perfumadas, não falhando nunca com um fio de cabelo sequer "fora do lugar";

- organizar as roupas e qualquer outro pertence de forma excepcional, para que não houvesse nenhuma reclamação.

Inicialmente, essas parecem ser preocupações e iniciativas de todas as famílias e responsáveis; porém, é possível que famílias negras o façam como moeda de troca e acesso a cuidado, afeto, respeito, destinados aos seus filhos e filhas.

É evidente que todas as crianças devem estar asseadas e com os pertences organizados, mas você acredita que um bebê loiro de olhos azuis, com seus cabelos dourados despenteados, deixará de ter seus fios tocados? Acredito que NÃO! O que quero trazer aqui é que, para alguns bebês, basta existir e viver, já que seu fenótipo é garantia de acesso a colo, ao passo que outros precisam negociar essa existência respeitosa.

Práticas antirracistas têm como premissas participação familiar, escuta e acolhimento de todas as pessoas envolvidas nas instituições de educação.

Bebês e crianças trazem informações sobre seus gostos, suas preferências, e, com base na escuta às suas famílias, temos ainda mais informações sobre elas e eles. Escutar o que cada família traz, como são os ritos para alimentação, sono, brincadeiras, contribuirá para o planejamento das ações cotidianas. É importante lembrar da possibilidade da presença de bebês e crianças que vivem sob proteção do Estado, em Serviços de Acolhimento Institucional, e, nesse caso, a presença dos responsáveis é importantíssima.

É preciso ouvir atentamente o que trazem os familiares e responsáveis, pois certamente será possível extrair insumos importantes para o planejamento de cuidados e educação de seus filhos e filhas.

Se, por um lado, o tempo de permanência no espaço educacional pode ser longo, por outro, familiares, mães, pais e responsáveis atuam de modo central na educação de bebês e crianças. Conversar sobre antirracismo, possibilitar reflexões, ampliar o repertório das famílias podem ser caminhos para a construção de vivências inclusivas.

Ouça, acolha e crie soluções sempre que um familiar ou responsável relatar situações de racismo. O silêncio nunca será boa resposta para denúncias dessa natureza. Escutar, compreender os fatos e convidar todos para diálogos honestos e respeitosos são possibilidades de resolução de casos de racismo

Referências

FALK, J. (org.). *Educar os primeiros três anos*: a experiência de Lóczy. São Paulo: Junqueira & Marin Editores, 2010.

OLIVEIRA, L. *Educação, cuidado e desenvolvimento da criança de 0 a 3 anos* (Série Universitária). São Paulo: Editora Senac, 2019.

RIBEIRO, B. *Pedagogia das miudezas*: saberes necessários a uma pedagogia que escuta. São Paulo: Pedro & João Editores, 2021.

4
NEGRITUDE, ANTIRRACISMO E O DIREITO DE EXISTIR DE BEBÊS E CRIANÇAS NEGROS: PRÁTICAS ANTIRRACISTAS E INCLUSIVAS

Akin: lápis cor de pele

Esse tópico trará algumas vivências de Akin, menino negro de 4 anos, que frequenta um espaço de educação na região Norte do Brasil. Filho de mãe negra e pai indígena, tem olhos puxados, pele retinta e cabelos encaracolados. Entre suas preferências nas brincadeiras estão jogar bola e brincar com bonecos.

Em um dia ensolarado, o pequeno caiu e ralou seu braço; nesse momento chorou, ganhou colo, beijos e afeto da professora Francisca, que o acalmou com voz baixa, carinho e cuidado. Para sua surpresa, para cobrir os ferimentos do menino, Francisca apresentou-lhe um curativo marrom, com tonalidade bem parecida com a da sua pele. Quando viu, ele exclamou: "Curativo cor de pele, cor de pele de Akin, obrigado, pro".

Reconhecer o marrom como cor de pele foi possível, pois diariamente Francisca convidou o grupo a pensar sobre os lápis cor de pele. Na primeira oportunidade de identificar a cor, o menino não teve dúvidas e concluiu que marrom era "cor de pele".

Historicamente, a cor salmão ou bege é reconhecida como cor de pele, e, em muitas realidades, crianças bem pequenas reconhecem aquelas como cores universais a serem adotadas como "cor de pele".

É importante salientar que, desde muito cedo, bebês e crianças são expostos a padronização de cores, numa perspectiva na qual a diversidade de tonalidades é pouco apresentada. Convide seu grupo para que seja exposto a diversos tons, a fim de dirimir situações como a que descreverei a seguir.

Durante uma atividade no parque, Akin e seus colegas começavam uma brincadeira intitulada "Elefante Colorido", na qual um falava uma cor em voz alta e, após o comando desse colega, teriam que procurar algo da cor indicada. Arthur pediu para os amigos procurarem as cores: azul, preta, lilás, verde-escuro e, por fim, cor de pele. Nesse momento, começou o diálogo:

Akin: Arthur, mas qual cor de pele? Qual amigo você escolhe?

Arthur: Mas não estou falando de amigo, estou falando de cor de pele ué, o lápis, sabe? Só o lápis cor de pele mesmo, *né*, Akin.

Akin: É porque não tem cor da pele, a mamãe e a Fran disseram que não tem cor da pele, tem a cor da sua pele, da minha pele, da pele da Fran, do Breno, do Lucas e da Luara.

Arthur ficou contrariado, disse que perguntaria para a professora Fran, mas a brincadeira acabou ali.

Diante de situações em que alguma criança insista sobre a existência do lápis cor de pele, converse, amplie seu repertório.

A seguir, partilharei ações que podem auxiliar nos diálogos com as crianças, sobre a existência de diversos tons de pele:

- apresente uma diversidade de imagens de pessoas negras com vários tons de peles, curvatura de cabelos, cores de olhos;

- fotografe bebês e crianças pequenas e faça uma exposição de suas imagens pelo espaço da instituição;

- convide cada criança a produzir tinta com seu tom de pele e em um pote transparente escreva: cor da pele de Maria, João, Antônio... Faça uma reserva da cor da pele de cada um(a), para o ano todo. Produza também um tom da sua cor de pele, para que usem sempre, quando o desejo for retratar a professora;

- faça rodas de conversa e fale sobre a inexistência de uma cor de pele e, nesse momento, mostre a diversidade de possibilidades de cores.

Lembre-se de que, diante de um grupo de bebês, crianças e professoras majoritária ou exclusivamente branco, há outras possibilidades da inclusão da discussão sobre cores de pele, usando outros elementos, que não as presenças vividas cotidianamente. Personagens de livros, fotos, vídeos, bonecas são aliados dos grupos majoritária ou exclusivamente brancos.

A seguir, apresentarei uma vivência ocorrida em um momento de brincadeiras de Akin.

Certo dia, o pequeno reuniu-se com seus amigos no parque, estavam brincando de fogueira imaginária. Fizeram uma roda em volta de gravetos, falavam sobre o fogo e as possibilidades de queimaduras, se não tomassem cuidado com as chamas (que só existiam na imaginação de cada criança envolvida na trama). Em algum momento, Pedro falou ao colega Antônio, que também brincava: "Toma cuidado para não se queimar, se você pegar no fogo ficará preto como Akin". Akin respondeu: "Mas eu não sou preto, eu sou marrom, olha, olha aqui minha perna, sou marrom como minha mãe e as duas irmãzinhas".

Os meninos ficaram atentos aos tons de pele, e colocaram os braços um ao lado do outro, a fim de comparar a cor. Enzo, que participava de tudo desde o começo, pediu para que a professora tirasse uma foto dos braços um ao lado do outro; ela o fez e participou da discussão, apresentando para a turma o conceito de melanina.

A fim de contribuir para a compreensão das crianças sobre o que é melanina, Fran utilizou tintas marrom, bege, branca, amarela e salmão. Ela explicou: "A melanina é uma proteína, algo que temos no corpo, e, quanto mais melanina temos, mais escura é nossa pele". Ouvindo isso, Anielle (preta) falou: "Pro, eu tenho muita muita melanina, porque eu sou preta igual Akin e Dayô".

As crianças participavam falando sobre ter mais ou menos melanina e olhavam a coloração do braço; era algo vivido pela maior parte do grupo.

Para ampliar as experiências e possibilitar vivências com "a tal melanina", Fran entregou potes vazios para as crianças e pincéis. Em uma mesa central deixou potes com tinta nas cores salmão, bege, branca, preta e marrom e convidou as crianças a misturá-las até chegar a uma cor parecida com a sua. Nesse dia, a educadora falou com as crianças sobre as categorias do Instituto Brasileiro de Geografia e Estatística (IBGE): preto, pardo, indígena, branco e amarelo. Explicou que essas eram as cores das pessoas de acordo com uma regra que existia no Brasil.

O resultado dessa ação foram discussões que perduraram por três semanas, e, por fim, foi feita uma exposição dos desenhos realizados pelas crianças com seus tons de pele distintos.

Um ponto digno de reflexão é o fato de Pedro ter alertado Antônio; a preocupação dele não era exatamente com os ferimentos decorrentes da queimadura caso o colega queimasse parte do corpo, mas que ficasse preto como Akin. Atente a falas e comportamentos aparentemente inofensivos: se não há nenhum problema em ser negro, por que o colega coloca o ato de ficar preto como algo ruim?

Fique atenta à utilização de eufemismos como: morena, moreninha. Pessoas pardas e pretas compõem aproximadamente 54% da população brasileira, e a nomenclatura a ser utilizada para esse grupo é o termo "negro". Lembre-se de que a soma das pessoas pretas e pardas resulta no grupo de pessoas negras.

Observe em seu cotidiano a presença de palavras racistas como "mulata", termo historicamente muito utilizado, que rememora uma herança racista que animaliza a população negra.

Respeite a autodeclaração das crianças, mesmo que você não concorde com ela, e oportunize vivências gentis para aqueles que não se reconhecerem como negros. É possível que algumas crianças neguem seu pertencimento racial, em razão das dores que o racismo traz.

É comum, diante de conflitos entre as crianças, a frase: "Somos todos iguais". Essa é uma falácia, e efetivamente não somos todos iguais desde o momento da concepção e do nascimento. Na realidade, somos diferentes e devemos ser respeitados em nossas idiossincrasias e individualidades. Em face disso, apresentei, no tópico a seguir, vivências de Ayodêle, que de igual aos amigos não tinha nada!

Ayodêle: não, não somos todos iguais!

Ayodêle tem 7 meses, é negro e diariamente vai de transporte escolar para a instituição educacional. Ao chegar recebe o primeiro colo do profissional do transporte, o segundo da colaboradora que o leva até a porta da sala, o terceiro da professora que o coloca em uma superfície firme e com temperatura agradável.

Em um dia chuvoso e frio, o bebê chegou chorando e assim permaneceu por muitos minutos. Na ocasião, a professora Catarina ninava Rosa, bebê branca (10 meses), que havia tomado vacina no dia anterior. Chegaram Miguel (8 meses) e Valentina (11 meses), ambos brancos. Entraram sem chorar e demonstravam estar bastante inseridos na rotina que envolvia estar na sala e não ganhar colo o

Democratização do colo | 77

tempo todo. Valentina usava um laço verde-musgo em seus cabelos, fato que chamou a atenção da professora, que fez Rosa dormir e foi ao encontro do lindo laço verde-musgo. Nesse momento, Ayodêle dormia, soluçando, por ter chorado ininterruptamente por muitos minutos. O bebê negro chorou até dormir, sem intervenção de sua educadora, que, ao finalizar o atendimento a Rosa, bebê branca, foi ao encontro do laço bonito verde-musgo, mas ignorou a situação vivida por Ayodêle.

Apesar de todos e todas terem os mesmos direitos dispostos no Estatuto da Criança e do Adolescente, infelizmente não são tratados de modo igualitário, e, se considerarmos a individualidade, é impossível dizer que são todos iguais.

Ignorar o fato de que comumente é destinado tratamento distinto para pessoas negras, desde a primeira infância, contribui para a perpetuação do racismo. Enquanto Rosa ganhou colo e foi assistida até dormir, Ayodêle adormeceu chorando e sem sequer alguém ter conversado, acolhido, tocado em sua pele.

Tenha olhar atento, atenda todas e todos que choram, pedem colo ou solicitam sua presença de outras formas. É evidente que, considerando o número de colos disponíveis e crianças chorando, há necessidade de espera, *mas democratize também o ato de esperar.* Meninas brancas de cabelos loiros, meninos brancos com cabelos escuros e olhos claros também podem esperar; dessa forma, não será destinado exclusivamente aos negros o ato de aguardar sua vez.

Reflita sobre os motivos pelos quais você escolhe o bebê X ou Y para dar colo, carinho e crie um mecanismo de fazê-lo para todos que compõem sua turma.

Falar que somos todos iguais pode causar estranhamento nas crianças, que, sagazes e inteligentes, percebem a incoerência disso, reconhecem as diferenças em relação ao tom de voz, tipo de cabelos, cor de pele, peso, entre outras características.

Destacar e valorizar as características de cada pessoa é pedagógico, inclusivo e coerente com um projeto que visa não deixar ninguém para trás.

A falaciosa frase "somos todos iguais" inibe a ação de olhar a realidade brasileira e enfrentar racismo, capacitismo, misoginia como fatores existentes, que precisam ser combatidos.

Em seu cotidiano diário, lembre-se sempre: NÃO SOMOS TODOS IGUAIS. Somos múltiplos, temos desejos, e isso deve ser comunicado aos bebês e às crianças por meio de vivências.

Em relação aos direitos, a Constituição Federal assevera que todas as pessoas são iguais perante a lei, o que pode ser amplamente discutido. Ao considerar vivências cotidianas de pessoas pobres, ricas, brancas e negras, é possível perceber diferenças significativas no cotidiano de cada uma delas. O *Atlas da violência* de 2024 aponta que a população negra é a mais suscetível a violência e morte por arma de fogo. Infelizmente, as experiências de pessoas negras e pobres não se comparam às de pessoas brancas e ricas. É provável que, em sua turma, o mesmo aconteça com bebês e crianças negros.

Diante de sua turma de bebês ou crianças, seja promotora de acesso aos direitos de forma igualitária e equitativa.

Em resumo, não somos todos iguais; entretanto, no que diz respeito ao acesso aos direitos, é preciso que seja igual.

Para sintetizar as ideias expostas neste tópico:

– observe a necessidade de cada bebê e criança;

– em relação ao acesso a direitos, somos todos iguais;

– quando pensamos as vivências cotidianas, somos diferentes e a diversidade não deve ser escamoteada, ao contrário, deve ser respeitada e valorizada;

– atente à democratização do colo diante do choro;

– observe seu cotidiano e suas escolhas;

– pergunte-se: o que lhe agrada em um bebê, o que você repudia, como lidar com isso a fim de ofertar atenção e cuidados a todos?

– potencialize a presença da diversidade em sua turma e na escola.

Comprometa-se com uma educação que valorize a diversidade de existências e que considere as individualidades. A justiça social como elemento fundamental aos fazeres nas instituições que atendem a infância deve estar presente em cada escolha.

O ano letivo geralmente se inicia na última semana de janeiro até a primeira quinzena de fevereiro, a depender da rede privada ou pública de ensino. Para educação infantil, é possível a oferta de atendimento ininterrupto durante o ano.

O tópico a seguir trará situações vividas por Dandara e reflexões sobre a necessidade de pensarmos vivências antirracistas e democratização do colo, de janeiro a janeiro, uma vez que o racismo está presente diariamente na sociedade brasileira.

A educação deve ser antirracista durante o funcionamento de todo o ano letivo, inclusive nos momentos de férias de bebês, crianças ou professoras.

Dandara: para além do dia 20 de novembro

Dandara é negra e tem 2 anos. No mês de fevereiro, chegou um bilhete em sua agenda, informando que haveria uma festa de boas-vindas na segunda quinzena do mês. A família ficou animada e organizou-se para participar do evento. Chegado o dia, Odara e Heloísa, suas mães, foram até a instituição, esperaram o início e, para abrir a reunião, a professora Maria Fernanda (branca) leu o seguinte excerto do livro *Quarto de despejo*: diário de uma favelada, de Carolina Maria de Jesus:

11 de maio

Dia das Mães. O céu está azul e branco. Parece que até a natureza quer homenagear as mães que atualmente se sentem infeliz [*sic*]

por não poder realizar os desejos de seus filhos ... O sol vai galgando. Hoje não vai chover. Hoje é o nosso dia.
... A D. Teresinha veio visitar-me. Ela deu-me 15 cruzeiros, Disse-me que era para Vera ir ao circo. Mas eu vou guardar o dinheiro para comprar pão amanhã, porque só tenho 4 cruzeiros (Jesus, 2021, p. 30).

Depois da leitura, abriu espaço para que as famílias comentassem e, ao final, explicou que aquela instituição tinha compromisso com educação antirracista e que, ao longo do ano, as crianças aumentariam seu repertório de literatura, música, arte negra, e que o grupo de professoras estava imerso em estudos referentes à pauta.

Odara e Heloísa saíram animadas pela escolha e concluíram que a filha estava em um espaço interessante para o seu desenvolvimento como menina preta.

A reunião de familiares pode ser um lugar frutífero para discutir relações raciais, uma vez que as famílias devem participar das ações das instituições. Tê-las como parceiras na construção de vivências antirracistas é essencial, já que cuidam de seus filhos e filhas, os educam e convivem com eles. Contar com a participação familiar para pensar planejamento antirracista também é caminho interessante. Envie pesquisas para realizarem com as crianças, apresente literatura que tenha personagens negras, ou que seja escrita por pessoas negras.

Dandara brinca com bonecas e bonecos negros; durante sua rotina conheceu a alfaia, um tambor que é utilizado em diversos ritmos brasileiros, entre eles o maracatu. Em sua apresentação na festa de verão, tocaram o ritmo, e suas mães foram convidadas a construir uma alfaia utilizando materiais reciclados.

A rotina da turma, intitulada Lua, é marcada por cortejos pelos corredores da instituição, e parte das crianças toca enquanto outra dança. A arte, a cultura, a literatura negra são elementos presentes no cotidiano de Dandara, que, na festa junina, representou a rainha N'zinga![1]

Ao pensar nas festas, peças teatrais e outros momentos vivenciados em sua rotina, potencialize a participação de crianças negras como protagonistas. Convide-as para interpretar reis, rainhas e figuras de destaque.

Historicamente, a população negra é retratada como escravizada, pobre, violentada, passiva. Apresentar narrativas pelo olhar das pessoas negras, suas conquistas, suas escolhas, seus desejos potencializará as experiências de bebês e crianças negros, brancos e dos demais também racializados.

Entre as possibilidades potentes de vivências antirracistas, apresento o bloco afro Ilú Obá De Min, que, pela história e pelas escolhas pedagógicas, poderá contribuir significativamente para suas ações artísticas antirracistas:

> Ilú Obá De Min – Educação, Cultura e Arte Negra é uma associação paulistana sem fins lucrativos que tem como base o trabalho com as culturas de matriz africana, afro-brasileira e a mulher negra. Nos organizamos e nos entendemos como um ecossistema afrocentrado bem como uma irmandade que valoriza as mais velhas como protagonistas de nossas ações. Um dos nossos principais projetos é o bloco afro Ilú Obá De Min, que, há 19 anos, abre o carnaval de rua de São Paulo. Fundado pelas percussionistas Beth Beli, Adriana Aragão e Girlei Miranda em

---

1. N'zinga a Mbande (1581-1663), rainha do Ndongo e do Matamba, foi uma mulher muito importante para a história de Angola e também da humanidade. No século XVII, governou Angola, tinha táticas de guerra, de espionagem e fazia alianças importantes para o país. Disponível em: https://www.gov.br/palmares/pt-br/assuntos/noticias/nzinga-mbandi-2013-a-rainha-guerreira. Acesso em: 1 out. 2024.

novembro de 2004, o bloco reúne um coletivo de cerca de 400 integrantes em sua bateria e seu corpo de dança.[2]

A letra a seguir, escrita por Célia Santos e Estela Carvalho, mulheres que integraram o bloco, apresenta rainhas destemidas, soberanas, belas, guerreiras:

"Mulheres negras"

Em terras africanas
Formaram-se impérios
De destemidas mulheres
De grandes guerreiras
Rainhas soberanas
Divindades da beleza
Nobreza
Sabedoria e poder
(2x)
Rainha Makeda, Etiópia
Rainha N'zinga, em Angola
Rainha Yaa Asantewaa
No reino Ashanti de Gana
(2x)
Candaces de nossa história
Mulheres negras
Candaces de nossa história
Negras africanas
(2x)

---

2. Informações coletadas no *website* da instituição: https://www.iluobademin.com.br/quem-somos. Acesso em: 23 set. 2024.

Essa música revela reinados chefiados por mulheres negras, apresenta outra narrativa sobre esse grupo, que geralmente é visto no lugar de servidão, miséria e solidão. Traga essa e outras possibilidades, que contam histórias das potências do continente africano. A professora, pesquisadora em relações raciais, militante Dra. Petronilha Beatriz Gonçalves e Silva evidencia: "Educação para as relações étnico-raciais não é um tema, não é uma lista de conteúdos, é um projeto de sociedade". Com base nessa percepção, empreenda esforços para a construção de um projeto de sociedade antirracista, que democratize o colo a todos os bebês e crianças pequenas.

A seguir, trarei reflexões sobre práticas aparentemente antirracistas, mas que infelizmente reforçam o racismo e os estereótipos, em vez de combatê-los.

Odara: assuma esse cabelo, menina – as falaciosas ações antirracistas

Em 2020, ministrei um curso de formação para professoras e gestoras com o objetivo central de fomentar práticas antirracistas. Durante a participação de uma professora, ela narrou uma ação como sendo antirracista:

> Eu sou professora da Ana e diariamente ela vinha com os cabelos presos. Apesar de a escola não ter recursos, eu fui à perfumaria, comprei bastantes produtos e um dia a surpreendi com laços, fitas coloridas e cremes bem cheirosos. Ela me olhou meio cabisbaixa, parece que não está acostumada a ser cuidada, penteada, sabe? Todo dia ela aparece com umas trancinhas. Eu não entendi bem o que aconteceu, pois eu soltei tudo, coloquei creme cheiroso, coloquei laço, mas parece que ela não gostou, tadinha, ela é tão tímida, o pior ainda está por vir: quando a mãe viu, ela não gostou, a filha estava tão cuidada, asseada (relato coletado por mim durante a pandemia, em um curso realizado a distância em 2020).

Esse relato demonstra uma educadora bem-intencionada, preocupada com o bem-estar da criança; no entanto:

- prefere o cabelo da criança solto e impõe isso a ela;
- desrespeita a escolha da família, que faz tranças, e, sem autorização, altera o que a mãe fez em casa;
- infere que a menina não é asseada e cuidada;
- não pergunta para a criança qual seu desejo em relação ao cabelo.

Por um lado, é importante que bebês e crianças negros sejam acariciados, tocados, penteados como os brancos durante o cotidiano nas instituições; por outro, manusear os cabelos deve ser algo consentido, dialogado com a criança e sua família.

No imaginário de algumas pessoas, ser negra, "assumir-se" negra, é sinônimo de usar os cabelos crespos, volumosos e soltos. Ocorre que nem toda pessoa negra gosta dessa estética, e isso não a torna mais ou menos negra.

Tranças, cabelos crespos, cacheados, ondulados, alisados (no caso das mulheres adultas), perucas, carecas, tingidos de loiro, de castanho, essas são possibilidades de cabelos de mulheres negras. Apesar de não parecer, a limitação da mulher negra ao estereótipo de cabelo crespo e solto também é uma forma de perpetuar racismo.

Quando ouvi o relato da professora, tive a impressão de que ela se sentia como a salvadora dos cabelos crespos e trançados da menina. Mas observem que suas práticas coadunam mais com iniciativas racistas do que antirracistas, sobretudo quando ela infere falta de asseio de cabelos crespos. Desconsiderar a escolha da família que trança os cabelos da criança talvez esteja relacionado ao fato de ela ter estabelecido um padrão de como ser negra, ou ainda, não gostar das tranças. Ao falar sobre a necessidade de empregar dinheiro na ação, pareceu-me que se coloca num lugar de sacerdócio no ato de educar aquela menina preta, que sempre vai de tranças.

Compreendo a iniciativa e a tentativa da professora, imagino inclusive que ela queria que Ana participasse das vivências de manuseio dos cabelos na escola, mas trouxe esse exemplo para que você reflita, com sensibilidade, sobre a oferta de afeto aos cabelos crespos e cacheados em contraposição à rechaça ao formato deles e ao desejo de modificá-los.

Atente ao fato de que mulheres negras podem ter cabelos de diversas formas, e a escolha por qualquer uma delas não deve ser relacionada a infelicidade, tristeza ou nenhum outro atributo negativo.

É verdade que a ditadura dos cabelos lisos e loiros incidiu sobre o desejo de muitas mulheres negras, que tinham/tem como ideal de beleza cabelos bem diferentes dos seus. É evidente, também, que práticas antirracistas contribuirão positivamente para a construção do autoamor pelos cabelos crespos e por todas as características negroides;[3] entretanto, isso não pode ocorrer forçadamente com uma pessoa, branca ou negra, ditando o que a criança negra deve fazer com seus cabelos, como deve lidar com pele, nariz e demais características físicas.

Após partilhar a história da pequena Ana e sua professora, trarei algumas vivências de Odara, bebê negra de 11 meses, que, apesar da pouca idade, vive tramas relacionadas aos seus cabelos crespos em suas vivências na creche.

Odara chegou no colo de sua família, ela estava com seus cabelos soltos. Chegou também Valentina (branca, 11 meses) com sua avó. Na saída, a senhora Generosa (avó de Valentina), procurou a professora e disse: "Os cabelos da coleguinha morena da Valen

---

3.   Traços negroides são características comuns a pessoas negras, como cabelos crespos, pele escura. É importante salientar que há uma diversidade de fenótipos de pessoas negras, que podem ter pele mais clara, mais escura, cabelos mais ou menos crespos.

são exóticos e lindos, a mãe dela está de parabéns, como uma bebê tão pequena pode ter um cabelinho tão ajeitadinho. Parabéns, viu!".

Parece-me que a senhora Generosa queria ser agradável, elogiando a bebê negra de cabelos crespos; ocorre que, para começar, ela a chamou de morena – o que motiva o uso de eufemismos para se referir às pessoas negras? Será que falar negro, preto, parece pejorativo?

Nota importante: chamar uma pessoa negra de morena pode revelar a dificuldade que se tem de nomear, designar pessoas negras, e isso possivelmente está ligado ao racismo.

Atente à existência de pessoas negras da pele mais escura (mais concentração de melanina), que compõem o grupo das pessoas pretas, e daquelas mais claras (menos concentração de melanina), que compõem o grupo das pessoas pardas.

Como apresentado anteriormente, o grupo de pessoas negras é composto pelos grupos de pessoas pretas e pardas; desse modo, utilizar o termo "negra", em vez de "moreninha", "morena", "mulata", é o correto.

Além do termo "morena", ao se referir a Odara, a senhora Generosa falou sobre os cabelos exóticos da pequena.

Atenção: cabelos de pessoas negras NÃO são exóticos.

Muitas vezes o racismo está nas minúcias, nos detalhes, no que é falado e às vezes nem sequer é percebido. Corpos negros não são exóticos! Pessoas trans não são exóticas. Existe uma diversidade de fenótipos entre as pessoas negras, que têm olhos castanhos, azuis, verdes, cabelos lisos, crespos, carecas, entre outros, e nada disso é exótico.

Reflita diariamente sobre a necessidade de atenção e cuidado com o trato dos cabelos dos bebês e das crianças, sobretudo porque esse é um lugar delicado para o qual geralmente são destinados muitos estereótipos.

Cuide das bonecas negras que são oferecidas, observe se os cabelos estão organizados (sejam eles crespos, cacheados, lisos), para que não representem os cabelos da população negra como desgrenhados, descuidados.

Durante as reuniões com familiares apresente conceitualmente termos como "preto", "pardo", "negro", converse sobre educação das relações raciais e lembre-se de que isso deve ser um projeto de sociedade e não um tema isolado, como tem apontado em suas palestras a brilhante professora Petronilha Beatriz. Mais uma vez peço com o coração: cuide com carinho, afeto e respeito dos cabelos de bebês e crianças negros. Converse com as famílias, democratize seus afagos, manuseie com carinho, calma. Caso não tenha intimidade com fios crespos ou encaracolados, escute pessoas negras, pergunte, estude!

A seguir, trarei algumas vivências de Kwame, menino preto que frequenta uma instituição privada de educação infantil e que, desde os primeiros anos de vida, tem enfrentado situações de racismo em suas vivências com os colegas e parte de suas educadoras.

Kwame: nossos passos vêm de longe – nome, sobrenome e protagonismo negro

Durante o momento da saída em uma instituição de educação infantil privada, a maior parte das crianças era chamada por seus nomes e sobrenomes. À medida que as famílias chegavam, as meninas e os meninos eram chamados pelo microfone. Quando o portão abria, era comum ouvir:

– Gabriel Stanfort

– Vicenzo Martinez

– Antonieta de Barros

– Joaquim Albuquerque

É importante salientar que esses nomes são fictícios. Certo dia, Kwame, preto de 4 anos, teve o seguinte diálogo com sua mãe, Tulani:

> Kwame: Mãe, a pro chama todos os meus amigos pelo nome e tem mais um, ou dois, ou até três nomes mais. Eu não tenho mais nome? Eu só tenho Kwame?

> Tulani: Não, meu filho! Eu me chamo Tulani Odara dos Santos e você se chama Kwame Antônio Santos da Silva! Esse é seu nome, e, assim como os outros, você tem mais de um nome.

> Kwame: Eu vou falar com a pro amanhã, eu quero que ela saiba que tenho mais de um nome, eu acho que ela não sabe disso, mãe.

> Tulani: Meu filho, conte sim para sua professora que você tem mais de um nome, ela vai gostar de saber os seus nomes.

Tulani passou a observar o momento da saída e concluiu que todos os colegas eram chamados por nomes e sobrenomes, menos o filho, mesmo após ele ter contado para a professora que tinha outros nomes além de Kwame (ele pediu para que a avó anotasse em um pedaço de papel seu nome completo e entregou para a professora). Talvez você esteja se perguntando: mas qual é o problema de não o chamar pelo nome e sobrenome?

O incômodo de Kwame vem ao encontro da luta histórica da população negra, pelo direito ao nome, à identidade e ao reconhecimento como ser humano. É evidente que ele não tem essa compreensão, mas o fato de perceber que todos os colegas eram chamados pelo nome e sobrenome, e ele não, indica sua percepção de que não recebe o mesmo tratamento que os demais, o que, em alguma medida, o incomoda, a ponto de pedir para levar seu nome escrito em um papel e entregar para a professora.

O racismo pode ser vivido em pequenas, médias e grandes demonstrações; há possibilidades sutis de vivenciá-lo de modo silenciosamente violento.

O que será que fazia a professora chamar todos os sobrenomes das outras crianças e o dele não?

Lélia Gonzalez, filósofa, antropóloga, ativista e professora, afirmava: "Negro tem que ter nome e sobrenome, senão, branco arruma apelido". O pleito pelo fortalecimento da identidade por meio do nome é histórico e ancestral. O exemplo demonstra algo que incomodou uma criança de 4 anos, e que, por fim, foi tratado pela instituição como algo simples, que talvez não tivesse tanta importância e que, em nenhuma hipótese, teria relação com racismo.

Preste atenção no cotidiano com sua turma, filhos e demais crianças com quem você convive. Observe suas escolhas e o que não escolhe.

Se, outrora, apenas manifestações muito violentas como chamar de macaco, por exemplo, eram consideradas atos racistas, atualmente compreendemos a possibilidade de ações silenciosas.

Atente às histórias de bebês e crianças negros, ouça as famílias e, durante seus planejamentos e reflexões, lembre-se de algo dito por Jurema Wernek, ativista feminista, médica, pesquisadora, comunicóloga: "Nossos passos vêm de longe". A seguir, trarei algumas reflexões sobre vivências antirracistas de janeiro a janeiro.

Referências

ATLAS da violência. Retrato dos municípios brasileiros. Instituto de Pesquisa Econômica Aplicada. Disponível em: https://www.ipea.gov.br/atlasviolencia/arquivos/artigos/9277-atlasviolencia2024retratodosmunicipiosbrasileros.pdf. Acesso em: 1 out. 2024.

JESUS, C. M. *Quarto de despejo*: diário de uma favelada. São Paulo: Editora Ática, 2021.

JESUS, C. M. *Casa de alvenaria*. São Paulo: Editora Companhia das Letras, 2021.

SANTOS, J. *Preconceito racial em foco*: uma análise das relações estabelecidas entre crianças negras e não negras na educação infantil. 2013. Dissertação

(Mestrado em Educação) – Pontifícia Universidade Católica de São Paulo. São Paulo, 2013. Disponível em: https://tede2.pucsp.br/bitstream/handle/10404/1/Jussara%20Nascimento%20dos%20Santos.pdf. Acesso em: 20 set. 2024.

SANTOS, J. *Infância negra e mídias digitais*: uma análise de canais do YouTube realizados por meninas negras. 2019. Tese (Doutorado em Educação) – Universidade Federal de São Carlos. São Carlos, 2019. Disponível em: https://repositorio.ufscar.br/bitstream/handle/ufscar/10892/TESE%20FINAL%202019.pdf?sequence=1&isAllowed=y. Acesso em: 20 set. 2024.

SECRETARIA MUNICIPAL DE EDUCAÇÃO DE SÃO PAULO. *Currículo da cidade*: educação antirracista. São Paulo, 2022. Disponível em: https://acervodigital.sme.prefeitura.sp.gov.br/acervo/curriculo-da-cidade-educacao-antirracista-orientacoes-pedagogicas-povos-afro-brasileiros/. Acesso em: 28 jul. 2024.

5
DE JANEIRO A JANEIRO: ESCUTA, INFÂNCIAS E VIVÊNCIAS ANTIRRACISTAS

De janeiro a janeiro

A educação infantil integra a primeira etapa da educação básica, sendo obrigatória a partir dos 4 anos. Pensar em um ambiente acolhedor, que traga desafios possíveis aos bebês e crianças, contribuirá para vivências mais inclusivas e significativas.

Se, outrora, a ideia era que educação para as relações étnico-raciais deveria ser tratada de modo transversal, convido para reflexão para que ela seja tida *como estrutura*. Pensar numa *estrutura antirracista* e com base nisso planejar momentos, como alimentação, troca, pinturas, colo, talvez seja um caminho para vivências antirracistas todos os dias do ano letivo.

Ao ofertar uma música, reflita sobre quem é o compositor, cantor, quais influências a canção traz, de que modo pessoas negras, indígenas são ou não representadas nos livros que você lê diariamente para os bebês e as crianças pequenas. Ao escolher uma obra de arte, um panfleto a ser afixado na parede, qual cultura revelam? Quem são as pessoas que estão representadas?

Durante o planejamento anual, quais ritmos vocês dançam? Quais manifestações artísticas são potencializadas? Trazer coco, maracatu, jongo, maculelê é um caminho para encontrar a cultura afro-brasileira, evidenciando a circularidade, a ludicidade, a musicalidade presentes nessas manifestações.

Há uma diversidade vasta de formas de fazer amarrações de tecidos, que são utilizados para transportar crianças bem perto do corpo de mães, pais e responsáveis. Aproveite essas inspirações e utilize uma diversidade de tecidos para que bebês e crianças brinquem, tragam elementos da cultura africana durante seus momentos de faz de conta.

É importante que a sala de referência,[1] os parques, os refeitórios, entre outros espaços, demonstrem a diversidade de fenótipos que existe no Brasil. É fundamental salientar que a ausência de bebês e crianças negros matriculados não isenta a responsabilidade do fomento de práticas antirracistas.

Em 2003, foi sancionada a Lei n. 10.639/2003 (que altera a Lei de Diretrizes e Bases, Lei n. 9.394/1996), que assevera o ensino da história e da cultura africana e afro-brasileira. Trazer, portanto, a cultura africana e afro-brasileira para os contextos educacionais é seguir o que está previsto em lei!

Como já dito anteriormente, é preciso curadoria cuidadosa ao escolher livros. Atente a alguns pontos:

- peça para que ao menos duas pessoas olhem o conteúdo, incluindo as ilustrações, a qualidade do papel, como as pessoas negras são representadas e que papéis ocupam ao longo da trama;

---

1. Refiro-me ao que é chamado de sala de aula no ensino fundamental.

- preste atenção especial aos traços faciais e aos cabelos de personagens negros, sobretudo os que representam meninas e mulheres, pois esses podem estar bastante estereotipados;

- observe se as obras retratam exclusivamente questões raciais, numa perspectiva de ensinar alguma moral (como, por exemplo, ser antirracista) ou se as personagens vivem tranquilamente, têm famílias, assim como se as personagens brancas aparecem nas narrativas;

- atente ao fato de as histórias iniciarem com sofrimento, dores e angústias. Privilegie aquelas nas quais personagens negras sejam valorizadas, considerando potência e não dores;

- possibilite momentos de fruição, imaginação, encantamento;

- lembre-se de disponibilizar livros em múltiplos formatos acessíveis.

Ouvir histórias, apreciar imagens de contextos agradáveis contribuirá para momentos de fruição, imaginação, além de valorização e não depreciação da cultura africana, afro-brasileira, indígena.

Pensar na fotografia como possibilidade de vivências na primeira infância é algo importante. Fotografar os bebês bem pequenos, espalhar suas imagens pelos espaços pode ser algo interessante, que instigue. Reconhecer a própria imagem, perceber as diferenças de texturas de cabelos, cor de pele, tamanho, entre outros, são possibilidades na utilização de fotografias. Além desse exercício de colocar as imagens expostas pelos diversos espaços, como sala de referência, parques, pátios, entre outros, é importante que as crianças também se fotografem, filmem suas produções e assistam a estas. Montar curtas e possibilitar o protagonismo de meninas e meninos negros é importantíssimo, uma vez que se trata de valorizar a produção do grupo, além de dar mais visibilidade para aqueles e aquelas que comumente não são privilegiados nas tramas e narrativas fílmicas de grandes produtoras e que são amplamente consumidas por bebês e crianças.

Confie um aparelho de captura de imagens às crianças, e as convide a filmar, fotografar. Projete na parede, para que se olhem. Sugiro ter atenção em alguns pontos:

- frequentemente, meninas e meninos loiros arrancam suspiros de pessoas adultas, ao passo que os negros causam sentimento de rechaça, pena. Valorize as existências negras e potencialize essas imagens durante as atividades de fotografias e filmagens;

- valorize a produção dos olhares infantis, expondo suas obras em altura que apreciem sem a intervenção de adultos;

- lembre-se sempre de que crianças negras geralmente não protagonizam narrativas fílmicas e garanta que esse protagonismo ocorra na instituição;

- tenha olhar antirracista todos os dias do ano.

Histórias, imagens e vídeos produzidos com a participação das crianças podem contribuir para a construção de um ambiente antirracista, que valoriza a produção e o protagonismo infantil.

Possibilitar vivências lúdicas, educativas e inovadoras, tendo como premissa o antirracismo, contribuirá para o fortalecimento da cidadania e o aumento de repertório de experiências de bebês e crianças.

Planeje vivências antirracistas para o acolhimento, pesquise repertório musical do continente africano, do Haiti e da cultura negra brasileira. Ser antirracista exige estudo, construção de repertório.

A seguir, farei algumas indicações musicais. Perceba a sua turma, seus gostos e suas preferências e utilize essas referências com base na sua percepção de quais canções fazem sentido para ela:

- Bloco Ilú Obá De Min;

- Tiganá Santana;

- Jéssica Gaspar;

- Virgínia Rodrigues;

- MC Soffia (com os seus primeiros álbuns);

- Luedji Luna;

- Milton Nascimento;

- Duo Àvuà.

Preste atenção às letras, à sonoridade, ao volume dos instrumentos e, caso entenda que entre essas canções não há nenhuma que agrade ou seja apropriada para a turma, busque outras possibilidades que agradem aos bebês e às crianças com quem você convive.

Fugir de datas como maio/novembro e permear o cotidiano com vivências antirracistas precisa ser compromisso de cada uma de nós, que nos propusemos a ser educadoras.

A seguir, trarei algumas reflexões sobre a escuta como possibilidade de potencializar vivências em um ambiente antirracista.

Escuta e vivências antirracistas

O compromisso com a escuta é base para o fomento de educação antirracista. Para além de ouvir, como ato biológico no qual utilizamos os ouvidos, escutar atentamente, respeitar o tempo que as crianças levam para elaborar suas ideias, prestar atenção em cada detalhe durante a comunicação é imprescindível.

Eliane Cavalleiro apresentou dados sobre como o silêncio contribuiu para a perpetuação do racismo em turmas de crianças na cidade de São Paulo. O silêncio como metodologia adotada para resolver situações racistas causava lacunas e potencializava situações de exclusão de crianças negras.

Fingir que nada aconteceu, mudar de assunto, minimizar o que foi trazido certamente não contribuirá para vivências antirracistas.

A seguir, trarei uma vivência em uma turma de crianças de 2 anos e meio.

Joaquim (negro) chegou à sala chorando, com uma boneca negra nos braços. Foi para o colo da professora, que o acalantou durante alguns minutos; depois, Joaquim buscou um lugar e deitou-se num tatame no canto da sala. Miguel (branco), que chegara há mais tempo, passou perto do colega com sua boneca, chutou-a e disse: "Neném pêta, muito feia". A professora pegou a boneca no colo e falou: "Ela é linda (embalando-a), não faça essas brincadeiras, Miguel". Joaquim (negro) voltou a chorar, foi pego no colo, e o dia seguiu.

Ao chutar a boneca e se referir a ela como preta e feia, é possível que Miguel tenha reproduzido algo que ouviu em casa, na instituição de educação infantil, em algum desenho. O fato é que um menino tão pequeno teve repertório para tal ato. A professora, que esteve diante de uma oportunidade frutífera para falar sobre diferenças, diversidade de fenótipos, além de ouvir Miguel, calou-se e relacionou os atos como brincadeira.

Diante de situações como essa, podem ser caminhos mais respeitosos e pedagógicos:

- falar sobre o fato de não ser respeitoso chutar o brinquedo de um colega;
- dizer sobre a diversidade de cores que têm as bonecas, as pessoas;
- planejar momentos de contato e brincadeira com bonecas e bonecos negros;
- ampliar o repertório imagético sobre pessoas negras;
- conversar com a turma sobre diferenças de cores de pele, texturas de cabelos, traços faciais. Pensar formas de evidenciar e valorizar as diferenças talvez seja um caminho para que elas sejam vividas de modo mais respeitoso.

É evidente que ninguém precisa achar a boneca preta bonita, mas é fundamental que as crianças tenham oportunidade de ampliar suas vivências e olhar para além da perspectiva racista.

A escuta é o cerne de uma pedagogia antirracista, que atenta aos acontecimentos cotidianos, inclusive aos que não forem ditos/verbalizados por bebês e crianças. Apresentarei mais uma vivência, relatada por uma educadora da infância.

Ana, de 3 anos (branca) não gostava de dar as mãos para Odara, 3 anos e um mês (negra). Ela nunca verbalizou nada sobre a colega ser negra, mas recusava-se quando, em alguma brincadeira de roda, o convite era para dar a mão para essa colega. Importante salientar que Odara era a única menina negra da turma. Certa vez, a professora levou uma caixa com bonecas, e, para surpresa das crianças, todas eram bonecas negras. Ana foi para um canto e, após alguns minutos, chorou, dizendo: "Hoje não tem nenhuma boneca para eu brincar, eu queria brincar de boneca". A professora percebeu algo que vinha observando há três semanas: Ana tinha problemas em ter contato com a colega negra, o que se estendeu às bonecas negras também. Durante uma atividade de pintura, ela entregou tons diferentes de marrom para a mesa de Ana, e a criança resistiu, dizendo que, entre as cores entregues, não havia a cor limpinha da mãe, do pai e dela. Nesse dia, ela recusou-se a pintar.

Não soube quais foram os desdobramentos dessa história; recebi este, e a maior parte dos relatos apresentados no livro, de educadoras de São Paulo, Minas Gerais, Manaus, Bahia, pessoas que dividiram suas vivências, para compor este texto.

A educadora demonstrou um processo de investigação da presença de racismo e percebeu que reiteradas vezes Ana tinha problemas com pintar de preto, dar as mãos para a colega negra e brincar com bonecas pretas.

Acredito que a observação atenta contribui para que você tenha insumos importantes ao seu planejamento. Diante das situações apresentadas, mesmo não estando no contexto, posso inferir que havia reprodução de racismo nas escolhas e ações de uma criança pequena, que recusava contato e experiências que envolvessem negritude.

Diante de denúncias de racismo, vindas das famílias, das educadoras de outros setores (cozinha, limpeza, entre outros), das crianças, acolha e potencialize um espaço seguro de escuta.

Escutar bebês e crianças contribuirá para que os laços sejam fortalecidos.

Atente ao fato de que escutar exige inteireza, tempo, atenção, paciência. Escute com calma, afeto e responsabilidade com o fomento de vivências antirracistas.

Para além de escutar, FALE!

Tenha com quem contar, anote suas escutas, converse com seus pares, estude sobre as situações de racismo flagradas em seu cotidiano. Coordenadora pedagógica, leve casos para serem discutidos nos momentos formativos, e pensem juntas formas de escutar bebês/crianças com qualidade. Além de como escutar, reflita sobre o que fazer com os insumos extraídos na escuta. Escute, sobretudo o que elas não verbalizam. Observe atentamente as minúcias do cotidiano: elas contribuirão para sua ação. A seguir, trarei reflexões sobre equidade e inclusão.

Equidade e inclusão

Em uma sociedade na qual o colo não é ofertado democraticamente para bebês tão pequenos, faz-se necessário intensificar reflexões e estudos sobre equidade e inclusão.

De uma parte, pesquisas indicam que bebês meninos negros esperam mais tempo para serem alimentados, terem a fralda trocada; de outra, por meio de justificativas diversas, bebês e crianças com deficiência, quando frequentam instituições de educação infantil, tantas vezes ficam escanteados, não tendo um planejamento que considere suas necessidades ou singularidades e, em muitas realidades, sendo vistos como alguém que atrapalha a turma e por isso não deveria estar ali.

A inclusão de bebês e crianças negros com deficiência exige ações cuidadosas, para um grupo que pode estar exposto ao racismo e ao capacitismo.[2] Pensar em ambientes acolhedores, acessíveis, que considerem a condição de cada um, é essencial para vivências de fato inclusivas.

É importante a compreensão de que estamos diante da intersecção de dois fatores que podem provocar exclusão. Ser bebê/criança negro e com deficiência resulta em dois marcadores de discriminação, uma vez que a população negra e com deficiência, historicamente, sofre discriminação no Brasil.

Planeje/replaneje os espaços de alimentação, trocadores de fraldas, salas de vivências, parques, pátios, entre outros comuns nas instituições. Pensar a relação entre os espaços/tempos e as diversas condições humanas e funcionais, como crianças com mobilidade reduzida que usam cadeiras de rodas, surdas, cegas, com baixa visão, neurodivergentes, entre outras, deve ser ação realizada por toda a equipe da instituição.

Para além dos espaços físicos, a distribuição do colo, dos olhares, da voz, dos beijos e abraços deve ser realizada equitativamente. A condição do bebê ou da criança não pode ser justificativa para a discriminação e a não oferta de afeto e cuidado. A seguir, trarei um caso bastante emblemático, que certamente dividirá opiniões e percepções.

Em uma turma de crianças de 3 anos, a professora (branca) diariamente beijava as crianças, saudando e perguntando se estavam bem. No meio do ano, Enzo, negro, usuário de cadeira de rodas, passou a frequentar a turma. A criança babava muito, e isso resultava

---

2. De acordo com Campbell (2008), o capacitismo diz respeito a uma rede de crenças, processos e práticas em que corpos com características diferenciadas daqueles considerados normais são marginalizados, pois a deficiência é apresentada como um estado diminuído do ser humano.

em rosto e mãos molhados o dia todo. A professora continuou o ato, mas, depois de ficar com seu rosto molhado durante uma semana, optou por não mais beijar nenhuma das crianças. Ela procurou a coordenadora pedagógica e explicitou a dificuldade que tinha com uma criança cadeirante que baba. A coordenadora a convidou para um planejamento conjunto; tentaram secar a boca e as mãos no momento dos cumprimentos, o que não resolveu, já que no mesmo momento estavam molhadas novamente. Concluíram que mudar a forma de saudar a turma inteira seria uma possibilidade para lidar com a situação. Após algumas tentativas, as crianças passaram a ganhar uma carícia na cabeça: ao passar pela professora, todas elas eram acarinhadas. Tal fato tornou-se importante na rotina daquela turma; havia dias que um não queria o carinho e logo verbalizava para a educadora. Os cabelos passaram a ser mais notados e tocados, o que foi fonte de desavenças e de um projeto.

A situação descrita ocorreu em uma rede educacional, e alguns pontos merecem atenção:

- a descrição de uma criança como a "cadeirante que baba", além de reduzi-la a essas condições, reforça estigmas e estereótipos que nada contribuem para reflexões sobre a concepção de deficiência que a reconhece como parte da diversidade humana, considerando que as crianças com deficiência, assim como as outras, têm direito de estar na escola;

- essa descrição reforça uma ideia, que ainda não foi abandonada, de que as crianças com deficiência deveriam estar sob cuidados de profissionais da área da saúde e não da educação;

- não beijar uma criança negra, que apresenta condição distinta do que é considerado belo, agradável e aceito socialmente, vem de encontro, ou seja, se choca com fazeres equitativos e inclusivos.

É preciso evidenciar que estigma e rechaça aos corpos estão presentes quando nos referimos aos bebês e crianças com deficiências. As marcas da exclusão, do nojo, da segregação e tantas vezes do abandono são reais e vividas por bebês, crianças e adultos com deficiência. Atentar às práticas aparentemente inclusivas e antirracistas se faz necessário.

A saída encontrada pela educadora foi tocar nos cabelos de todas as crianças, o que isoladamente é questionável, já que tocar cabelos pode gerar incômodo, constrangimento, sobretudo em pessoas de cabelos crespos, e tal ato exige consentimento. Além disso, na situação narrada, seria imprescindível encontrar meios para beijar todas as crianças, sem rechaçar nenhum corpo por sua condição.

Considerando que cuidar e educar é binômio indissociável necessário à educação infantil, limpar a boca e as mãos da criança deve acontecer durante o tempo todo em que ela estiver na instituição, não para o conforto da adulta no momento de beijá-la, mas para o bem-estar da criança, durante suas vivências cotidianas, uma vez que essa tem direito de ser cuidada e educada, assim como todas as outras.

Nojo, repulsa e olhar assistencialista comumente são elementos que geram a exclusão de bebês e crianças com deficiência. Diante disso, é preciso estudar, refletir, romper com verdades cristalizadas, a fim de que haja ofertas equitativas que valorizem toda existência humana. Para além disso tudo, é preciso enfrentar honestamente os estigmas destinados às pessoas com deficiência e comprometer-se com ações inclusivas e anticapacitistas.

Escrever esse trecho me convidou a dialogar com especialistas na área, e uma delas, em especial, me incentivou a refletir sobre a minha relação com bebês e crianças com deficiência ao longo dos 20 anos de educação básica.

Diante do compromisso de acolher bebês/crianças de forma equitativa e inclusiva, atente:

– aos possíveis estereótipos e estigmas presentes em seu vocabulário e suas ações;

– às possibilidades de democratizar colo, afeto, beijos para bebês e crianças com deficiência, negros, bolivianos, indígenas;

– à necessidade de cada criança, a fim de ofertar aquilo de que necessita;

– ao fato de que cabelos crespos são historicamente rechaçados e estigmatizados e que tocar em cabelos deve ser algo consentido, dialogado.

A seguir, trarei vivências de um grupo de crianças e suas educadoras, na cidade de São Paulo.

Cheguei a uma escola nova após nove anos atuando em outra unidade, e estava cheia de expectativas e com o coração aberto ao novo! Encontrei uma turma ativa, com laços afetivos estabelecidos desde o ano anterior, e que conhecia o espaço e a organização da escola muito bem. As crianças me ensinaram tanto, desde os primeiros dias, e anunciaram: "Nossa amiga Delmira ainda não chegou" (ela faltou na primeira semana de atividades), "mas ela virá".

Combinamos que as crianças seriam corresponsáveis nos momentos de mudança de espaço e durante nosso cotidiano diário. Sempre fazíamos combinados e um deles era: "Nesta turma, cuidamos dos nossos e das nossas colegas, e o respeito precisa estar presente em todos os momentos". Uma das marcas do grupo, cheio de energia e falante, era o cuidado que havia uns com os outros.

Delmira chegou, e as crianças fizeram uma festa para seu acolhimento. Nosso primeiro encontro foi marcado por colo. Fomos a um espaço de convivência com um jardim e, ali, as outras crianças se movimentavam livremente. Convidei Delmira para meu colo e ela topou, confiante. Sua cabeça pendia para a frente e nós íamos ajustando para que ela conseguisse olhar para seus colegas. A educadora que me auxiliava com os cuidados me perguntou: "Mas por que você a pegou no colo? Por que ela não está na cadeira de rodas?". Eu não entendia muito bem o questionamento, mas o fato é que não era comum as outras professoras a pegarem no colo.

Eu me lembro de quando iniciamos a escovação de dentes, e as outras crianças me perguntavam: "E a Delmira? Como será? Quem fará a escovação dela?". Quando percebiam que a colega seria atendida, assim como as outras e os outros, ficavam tranquilos. Era impressionante que não se concentravam em suas atividades, até perceberem que Delmira estava assistida.

Diariamente, eu conhecia a turma e eles, a mim. Delmira era tão generosa, me emprestava sorrisos quando eu cantava e, por isso, intensifiquei a rotina de músicas. Passávamos minutos cantando e ouvindo sons de diversos ritmos. Em dias quentes ou de temperatura amena, a deixávamos fora da cadeira e ficávamos quase da mesma altura no chão. Ela conheceu todos os espaços da escola, se relacionava com as crianças, com os brinquedos e com as outras adultas.

Certo dia, uma criança comentou sobre o cheiro de Delmira; fizemos uma roda e falamos sobre o fato de que as pessoas têm cheiros diferentes, e que isso tem relação com os hormônios e coisas que as pessoas produzem de modo distinto umas da outras. Elas e eles aprenderam sobre a existência de cheiros naturais, e que cada um tem o seu. Construímos isso e passamos a observar os nossos cheiros, os cheiros da natureza e como o nosso cotidiano na EMEI cheirava! Foi fundamental romper com qualquer possibilidade de estigma.

Entre as necessidades de Delmira, estava limpar a boca, o rosto e as mãos o tempo todo, já que ficavam com saliva, o que gerava incômodo a ela. Dividimos esse ato entre as crianças, eu e a educadora que nos apoiava nos cuidados. Na festa de final de ano, fizemos a encenação de "A Linda Rosa Juvenil", e Delmira foi eleita quase que por unanimidade para ser a protagonista. Sinto saudades desse dia, em que ela foi a estrela, com seus colegas empurrando a cadeira. Ela sorria e olhava para as pessoas que prestigiavam a turma. Os colegas trocavam olhares com ela, que confiava a mim e a eles essa mediação no contato com o mundo. Fomos muito felizes enquanto Delmira esteve aqui no planeta Terra, e agora torcemos para que ela esteja em um lugar confortável e bonito.

É evidente que Delmira foi acolhida, respeitada, recebeu colo, beijos e muitos abraços durante o tempo em que esteve com a turma, composta por 36 crianças entre 4 e 5 anos. As trocas de olhares, de carinhos eram convites diários a vivências inclusivas e equitativas. Em dias com temperatura agradável, Delmira ficava com seus colegas no chão e participava das rodas de música e de outras vivências, com o apoio das demais crianças. A professora convidava a turma toda para participar dos momentos de atenção à menina, que sorria e olhava para suas e seus colegas.

Limpar o rosto e as mãos, todas as vezes necessárias, era um direito garantido a ela. O cotidiano era marcado por músicas e histórias, o que alegrava as crianças. Quando a educadora percebeu o aumento no entusiasmo de Delmira nesses momentos, intensificou a cantoria.

As crianças e as educadoras tiveram a oportunidade de conviver, aprender umas com as outras, e valorizaram cada existência da turma. Olhar para as crianças a partir de suas potências foi algo que contribuiu para vivências inclusivas e equitativas na turma.

O compromisso com antirracismo, equidade e inclusão exige estudo e compreensão de que ações inclusivas e equitativas não devem ser caracterizadas como bondade, caridade, sacerdócio; ao contrário, fazem parte dos compromissos assumidos, diante da escolha de ser educadora.

A seguir, trarei algumas reflexões sobre a organização dos espaços em uma perspectiva antirracista.

Organização do espaço e antirracismo

A organização intencional de espaços educativos incide sobre as experiências, o sentimento de pertença e a relação estabelecida entre bebê/criança e instituição de educação. Possibilitar que se movam sem correr riscos, que tenham autonomia para pegar e guardar objetos em mobiliários baixos contribuirá para o desenvolvimento dos bebês/crianças.

Possibilitar que os bebês fiquem em superfície firme, com temperatura agradável, contribuirá para seu desenvolvimento. Para além desses elementos apresentados, é fundamental que os espaços sejam antirracistas.

Pensar em manifestações artísticas africanas e afro-brasileiras, para a composição dos espaços, pode ser um caminho interessante. É evidente que esse caminho deve articular-se com as experiências vivenciadas por cada grupo. Conhecer, por exemplo, o artista plástico Basquiat possibilitará que as crianças façam releituras de suas obras, o que poderia ser utilizado para composição do espaço educativo. Se o espaço é o espelho que espelha quem o habita, valorizar a diversidade de existências e fazê-las compor as paredes, os corredores será uma grande oportunidade de vivências antirracistas.

Ao adotar imagens ilustrativas afixadas em murais e nas paredes, traga representações de bebês, crianças, adultos negros com e sem deficiência, nos mais diversos tons de pele, curvatura de cabelos. Tal ação contribui para que as crianças negras possam se reconhecer no espaço e que as brancas compreendam que, para além da existência de pessoas brancas na televisão, nas propagandas etc., existe também uma grande diversidade de fenótipos.

É importante refletir sobre alguns padrões estabelecidos como belos. Trazer manifestações artísticas negras, além de símbolos da cultura iorubá, por exemplo, pode potencializar a compreensão da existência de repertório artístico para além do europeu, amplamente difundido.

Desmistifique a cor preta como representação da sujeira, do luto e de coisas ruins, convide as crianças para brincar com as cores de modo antirracista, não caindo em convenções tão cristalizadas e veiculadas demasiadamente.

Crie formas para que as famílias participem da construção de espaços relacionais, afixe em alguma parede fotos das mães, dos pais, da mãe e do pai, da avó com o avô, negros, brancos, bolivianos, sírios, em suas rotinas cotidianas. É urgente que bebês e crianças desde bem pequenos percebam a diversidade de jeitos de ser, existir, vestir, falar.

Escolha situações sustentáveis para a construção do espaço, pesquise sobre os valores civilizatórios afro-brasileiros e traga a circularidade, a ludicidade para suas construções.

Na medida do possível, privilegie a luz solar, a organização de forma que haja espaço para engatinhar, andar, explorar. Atente para a existência de peças pequenas, que podem trazer riscos.

O espaço é educador e por isso precisa trazer a identidade do grupo. Construa com as crianças e valorize suas produções individuais e coletivas.

Durante a realização de palestras e cursos, muitas pessoas me perguntam: mas e tudo isso em um espaço que não tem diversidade? Onde a realidade é composta por crianças brancas e ricas, é preciso pensar em espaços que revelam a multiplicidade de existências? A resposta para essa pergunta é sim! Para além de conteúdos técnicos, a escola também tem o papel de construir vivências antirracistas, anticapacitistas, inclusivas, não misóginas para todas as pessoas.

A construção de espaços antirracistas em uma escola que atende a elite branca possibilitará que ela tenha, ao menos na instituição educacional, contato com existências que não compõem o cotidiano familiar e em outros espaços de convivência! É importante, para crianças brancas, a compreensão de que não se é referência ou modelo de excelência a ser seguido por todas as pessoas. Portanto, o espaço pode ser mais uma possibilidade de pensar a diversidade de existências.

Conte com a participação das crianças, escute quando elas quiserem alterar o *layout* da sala e planeje conjuntamente.

Partilharei, a seguir, uma experiência em uma instituição de educação infantil: nos corredores da administração da unidade, todas as salas da equipe de secretaria e gestão eram identificadas com uma placa. Havia placas com as palavras Diretora, Coordenadora e Secretária e, abaixo da escrita, havia a representação de uma mulher de pele pintada com a cor salmão e cabelos amarelos. O trio de profissionais que ocupava as salas era composto por: uma mulher branca com cabelos pretos, uma negra de cabelos crespos e outra branca com cabelos loiros. A diversidade de fenótipos era presente na realidade vivida; entretanto, no espaço, havia exclusivamente representações de mulheres brancas e loiras. Atentar a esses detalhes é o caminho inicial para a construção de espaços que valorizem as múltiplas existências.

Lembre-se de que o espaço revela concepções, conta histórias e pode ser grande aliado a vivências antirracistas.

A seguir, trarei algumas reflexões sobre materialidades e como essas podem contribuir para experiências que ampliam as referências de bebês e crianças.

Materialidade e antirracismo

Chamo aqui de materialidades um conjunto de elementos que são utilizados no cotidiano das crianças, como gravetos, folhas, jogos, brinquedos, instrumentos musicais, rolhas, entre outros, que facilmente são encontrados em casa, em espaços de brincar, instituições de educação infantil.

É preciso intencionalidade na escolha dos elementos que serão utilizados durante as experiências de bebês/crianças. Aspectos como apropriação para idade, durabilidade dos materiais, impactos negativos ao meio ambiente para a produção do objeto, diversidade, acessibilidade, entre outros, devem ser considerados, diante da escolha de materialidades.

Projetar quais experiências serão possíveis com as materialidades qualifica a escolha de cada material, que, isoladamente ou no conjunto, pode ser aliado de vivências antirracistas.

A presença de instrumentos musicais como djembê, alfaia, berimbau, comumente utilizados na cultura negra, possibilitará que você apresente a capoeira, além de ritmos como maracatu, maculelê, jongo, coco, entre outros, comuns à cultura negra. As vivências com os tambores e outros instrumentos aumenta o repertório auditivo, além de tátil, quando bebê/criança bater, tocar, acariciar cada um deles.

Para além dos instrumentos musicais, as fantasias podem contribuir para a propagação da ideia de que ser branco é o ideal de beleza e modelo a ser seguido, caso todas revelem príncipes/princesas brancas. Garanta a presença de super-heroínas/heróis, princesas/príncipes, entre outras personagens negras, quando a escolha for oferecer fantasias às crianças.

Valorize a diversidade e aproveite para criar, com as crianças, personagens que façam sentido para o grupo, que sejam negras, nordestinas, nortistas, sudestinas, surdas, cegas, com vitiligo, com sardas, ruívas, enfim, que essas personagens venham ao encontro da realidade existente no Brasil.

Em relação à utilização de bonecas e bonecos, valorize a diversidade mencionada no parágrafo anterior e tenha a sua turma como ponto de partida (refiro-me à presença de diversidade) e, se não perceber grande diversidade, considere como parâmetro a realidade do Brasil, qualifique suas escolhas com base na existência de pessoas diversas.

A natureza é preciosa, rica e nos entrega uma gama enorme de experiências; utilize grama, gravetos, água, barro, com liberdade e, quando estiver em contato com a natureza, conte sobre a relação que a cultura africana e afro-brasileira tem com os elementos naturais.

O respeito à natureza é premissa básica, e é importante que as crianças saibam isso sobre a cultura de países africanos. Para essa compreensão, é preciso se despir de possíveis preconceitos, e pesquisa, estudo, discussão com pares são caminhos importantes para isso.

A utilização de tecidos como capulana (tecido de algodão bastante comum e importante para a cultura de Moçambique) pode potencializar vivências de valorização da cultura do país. É comum ver mulheres moçambicanas utilizando o tecido para "dar colo" aos bebês; por meio de amarrações, elas os levam junto do corpo.

Conversei com uma mãe moçambicana que levava seu bebê envolto em uma capulana, e ela me disse: "Esse ato é de amor e respeito, minha mãe fazia assim, eu vivia assim grudada nela e agora é a vez dele; eu sou grata, porque posso fazer isso por ele".

Possibilite, portanto, que bebês/crianças brinquem com tecidos, que levem suas bonecas em capulanas e, assim, apresente a eles essa tecnologia vinda de Moçambique, um país africano.

É importante que os espaços suscitem investigação, curiosidade, desafios, além de segurança e acessibilidade.

Pensar na escolha dos materiais é uma ação que exige compromisso com educação:

- antirracista;
- inclusiva;
- não capacitista;
- não xenofóbica;
- não sexista;
- não etarista.

Esses e outros elementos precisam ser observados para a promoção de educação justa, que não deixe ninguém para trás.

Como educadoras em instituições educacionais, mães, pais, somos responsáveis pela educação integral, o que envolve discussões e preocupações com as quais temos mais ou menos afinidade e conhecimento. Diante disso, estudar, ampliar as reflexões, reconhecer a necessidade de auxílio e mais investimento em algumas áreas é imprescindível.

Para finalizar esse ponto que versa sobre as materialidades, observe suas escolhas e projete quais experiências quer ofertar; pense na valorização da cultura africana e afro-brasileira não como sacerdócio ou doação, ou ainda como adereço que será visto como belo, mas para o cumprimento da Lei n. 10.639/2003, que, há 21 anos, assevera sobre a necessidade de apresentar a cultura e a história africana e afro-brasileira.

A seguir, convido-a para um encontro com mulheres negras, que falarão coisas importantes para você: educadora negra, educadora racializada e, sobretudo, educadora branca.

Referências

BARBIERI, S.; VILELA, F. *Quero colo*. São Paulo: Edições SM, 2016.

CAMPBELL, F. K. Refusing able(ness): a preliminary conversation about ableism. *M/C Journal*, v. 11, n. 3, 2008. Disponível em: https://journal.media-culture.org.au/index.php/mcjournal/article/view/46. Acesso em: 22 de set. 2024.

CURRÍCULO da cidade: educação infantil. 2. ed. 2022. Disponível em: https://acervodigital.sme.prefeitura.sp.gov.br/acervo/curriculo-da-cidade-educacao-infantil/. Acesso em: 20 set. 2024.

PAGAIME, A.; MELO, D. C. F. Vamos falar de capacitismo na escola?. *In*: DRAGO, R.; ARAÚJO, M. P. M.; DIAS, I. R. (org.). *Inclusão de pessoas com deficiência e transtornos globais do desenvolvimento em espaçostempos educativos*: reflexões e possibilidades. Campos dos Goytacazes: Encontrografia, 2021. v. 1, p. 45-57.

PAGAIME, A.; MELO, D.; ARAÚJO, E. Educação especial e deficiência: caminhos para um plano de convivência anticapacitista. *In*: MORO, A.; VIVALDI,

F. M. C. (org.). *Percurso formativo para a elaboração do Plano de Convivência Escolar*. São Paulo: Editora Fundação Carlos Chagas, 2024; Belo Horizonte: Prefeitura, 2024.

SANTOS, J.; PAGAIME, A. Plano de convivência: educação para as relações étnico-raciais, branquitude e poder. *In*: MORO, A.; VIVALDI, F. M. C. (org.). *Percurso formativo para a elaboração do Plano de Convivência Escolar*. São Paulo: Editora Fundação Carlos Chagas, 2024; Belo Horizonte: Prefeitura, 2024.

6
DE: MÃES NEGRAS – PARA: PROFESSORAS
PALAVRAS DE CORAÇÕES AFLITOS

Durante os capítulos anteriores, trouxe alguns elementos que subsidiarão ações antirracistas de janeiro a janeiro. O convite central do livro é a construção de um ambiente antirracista, democrático, inclusivo, onde bebês/crianças negros, com deficiências, sejam acolhidos, respeitados, valorizados e ganhem colo, carinhos, toques e sejam escutados(as).

Como já citado no Capítulo 3, a participação familiar é importantíssima para a construção de práticas consistentes, que nasçam da escuta. Acredito que deixar um bebê num espaço de convivência coletiva não seja algo simples para os familiares, e o acolhimento é caminho para mitigar inseguranças e dirimir sofrimentos.

Diante da convicção de que a escuta é caminho para o planejamento de vivências antirracistas e inclusivas, as convido para a leitura de palavras de mães, que muitas vezes encontram o espaço de educação infantil com corações bastante aflitos. Que seja um exercício de descanso para suas retinas, tantas vezes fatigadas.

Palavras de Neide

Querida Professora, minha filha Ayana tem esse nome porque escolhi ainda no ventre um nome de nossas ancestrais, linda flor, um nome etíope. Talvez tenha dificuldade na pronúncia; tendo dúvidas, estou à disposição.

Assim como todas as crianças, ela precisa neste momento da vida, por ser tão frágil, de muito afeto. Encontra-se neste CEI porque acredito na qualidade do ensino público e no potencial das professoras. Se chorar, basta olhar no olho dela e dizer que está com ela e, se não for muito, dar um abraço; isso a conforta.

Daqui a pouco vai crescer e terá mais autonomia, exercitamos isso em casa, com certeza não precisará mais de fralda nem na hora do soninho, mas se escapar tenha paciência, sempre envio duas trocas de roupas e fraldas.

Sei da importância de você neste momento da vida e conto com isso.

Em nenhum momento quero que seja privilegiada, mas que tenha equidade de gênero e raça nas reflexões e atividades, sempre de uma maneira mostrando o brilho de cada criança dentro de seus aspectos culturais. Minha filha precisa sentir que é amada socialmente, assim como todas as crianças que estão com vocês, quero contar com você e sua equipe de trabalho, para assim conseguirmos acessar uma sociedade mais justa, com maior equidade.

Ah, ela gosta muito de histórias, pode pedir para contar, leio todas as noites na cama dela desde seus primeiros dias, na hora de dormir e quando estou muito cansada crio histórias e a coloco como principal. Posso ajudar a fazer isso com as crianças do CEI em algum momento.

Se tiver dificuldades nestes processos todos, pode contar comigo, pois você é muito importante em nossas vidas.

Com carinho,
Neide Lopes

Palavras de Caterina

Carta à professora branca

Cara professora branca, esta carta é para você, pessoa carinhosa, risonha, simpática, que ama crianças e entrega todo o seu amor em cuidados, carinhos e muito cafuné. Opa, olhe só, vou aproveitar o uso desta palavra tão linda para uma curiosidade: você sabia que a palavra CAFUNÉ não tem origem na língua portuguesa? Sim, ela é de origem africana, surgiu em Angola e compõe a língua "Kimbundo". Se você não sabia disso, pode ser que também não saiba algumas outras curiosidades sobre a população descendente de pessoas do continente africano, mas eu vou te ajudar, porque vai ser bom para melhorar o desempenho do seu importante trabalho.

Você vê esses cachinhos bem juntinhos, apertadinhos e crespinhos na cabeça do meu bebê? Pois bem, sei que você sabe disso, mas vou lembrá-la mesmo assim, é o cabelinho dele e você pode acariciá-lo com um gostoso cafuné também, com o mesmo carinho que você acarinha as cabeças das outras crianças, não precisa ter receio de tocar, eles são tão cheirosos e bem-cuidados quanto os lisinhos, *tá* bom? E vai deixar o meu menino feliz como as outras crianças.

Ah, tenho mais uma coisa importante para te contar... meu filhinho faz cocô e xixi, e, assim como as outras crianças, faz aquela lambança às vezes, e do mesmo jeito que elas ficam felizes quando estão bem limpinhas, com a fralda seca, sem assaduras, ele fica também. E eu sei que você faz tudo isso com aquele cuidado que aprendeu a ter, lembra? Manter a troca de olhares com a criança, manipular com cuidado, delicadeza e respeito, não segurar com força... fora a parte de preparação do espaço para a troca, que eu tenho certeza de que você sabe melhor que eu como fazer, *né*? Bem, o meu pequeno pretinho também gosta muito e, como toda criança, fica sempre mais calmo quando está limpinho.

Ah, falando em calma, acabei me lembrando de uma última coisa importante para te dizer. Meu bebê também se sente incomodado, tem sono, fome e até necessidades não facilmente detectadas; você sabe o tipo de situação a que estou me referindo, *né*? Aqueles choros, que às vezes se fazem sem fim, e até seguidos por outros num movimento contínuo, produzindo um coro quase ensurdecedor, sabe? E que, por vezes, é só o colo mesmo que vai resolver... não um colinho rapidinho, mas aquele colo que afaga, que aconchega, com um balancinho gostoso que aninha a criança, trazendo uma sensação gostosinha de bem-estar, de cuidado e que convida para aquele soninho tranquilo. Gostaria de lembrar que meu pretinho também gosta e fica muito bem com esse carinho, igualzinho outros(as) bebês. Então, quando acontecer novamente essa situação do choro em coro, se lembre de acolher a todo o grupo de bebês que estiver sob sua proteção e cuidados, *tá* bom? Afinal, é sempre bom lembrar que todos dependem de você para terem sua integridade respeitada, e eu sei que você sabe disso também, melhor que eu, *né*?

Bem, era este o recado que eu gostaria de te passar, cara professora. Lembrá-la que meu pretinho é tão importante quanto todas as outras crianças, mas importante de verdade mesmo. E eu espero que essa verdade vá ao encontro de seu coração e suas atitudes, para que afague as diferentes peles, cabelos e corpinhos das crianças do mesmo jeito, afinal, são todas inocentes e dependentes dos cuidados que você e suas colegas lhes entregarão. Meninos como o meu filho ainda hoje são alvo da polícia, e da sociedade, e precisam ser respeitados desde o nascimento para terem sua autoestima, confiança e, principalmente, seus direitos preservados, por isso sua dedicação sem distinções é tão importante para ele e para outros(as) bebês também pretinhos(as). Espero que minha carta seja compreendida e que ajude a refletir sobre o compromisso de um trabalho tão valioso quanto o seu.

Atenciosamente,

Mãe preta

Palavras de Drica

Olá, Profª, eu sou a Drica Henrique, mãe do Miguel. Envio esse *e-mail* como forma de nos apresentarmos a você. Racionalmente sei que a minha escolha foi acertada, em deixar meu filho em uma escola infantil enquanto eu trabalho, mas emocionalmente a culpa já se tornou minha companheira... Será que o ideal é que eu ficasse em casa e me dedicasse a ele nesses primeiros anos? Afinal ele demorou 4 anos para chegar... Já não sei se estou tão segura...

Esse bebê gordinho nasceu de dentro das minhas entranhas, da minha alma, do meu coração, do caminho de compreensão de amor que tive que trilhar, em uma gestação que durou 48 meses de dores, 4 cirurgias, internações em alas de maternidade, ouvindo outros coraçõezinhos baterem nos exames, outros chorinhos, parabéns para outras mães... A autoestima e um casamento se esvaindo pelo caminho, até que no fundo do poço me senti seca. Tive uma conversa com Iemanjá, pedi um caminho, me entreguei e ele chegou!

Bem, todas as crianças têm suas características e necessidades, *né*? Por que a minha seria tratada de forma diferente? Porque o meu filho é negro assim como eu, sabemos que crianças negras muitas vezes são deixadas de lado ou tratadas como se já soubessem se cuidar, muitas vezes perdendo as condições de se tornarem adultos confiantes capazes de produzir algo de bom na vida... Muitas vezes as ações de descaso são inconscientes, saem sem que a pessoa perceba... Meu filho ainda não sabe, mas o meu caminho é mostrar a ele que ele pode ser um homem responsável, produtivo, feliz e ciente dos seus direitos e deveres. Sendo assim, insisto em deixar aqui algumas reflexões para que possamos trabalhar juntas para que essa primeira infância do meu filho seja positiva, dando a ele condições de se desenvolver e seguir para as próximas etapas de forma leve sem ser tratado diferente... Em casa não há gritos, não há ameaças. O ambiente é calmo e tranquilo.

Ele não é só um bebê molinho e preguiçoso, com 9 meses ele ainda não pega a mamadeira e não fica sentado, precisa só de um pouco mais de estímulo, o que a instituição onde ele estava até os

7 meses não deu conta de dar. Pode ser que ele queira comer além da conta e isso pode fazer mal a ele; é uma reação inconsciente; a genitora dele teve uma gestação envolta em insegurança alimentar e isso reflete nele, vai levar alguns anos para superarmos isso, aqui vale a observação para separarmos a fome real e a necessidade de guardar alimento. Ele pode ficar um pouco agitado na hora do sono, com um abraço tranquilo ele logo sossega e adormece. Ainda por conta das inseguranças da gestação, ele nasceu com a pele bem ressecada e, portanto, logo após os banhos, precisa passar o hidratante manipulado que eu envio todos os dias. Se não passar, a pele pode escamar. O cabelo dele está crescendo, por favor não use escova ou pente com o cabelo seco, isso dói e machuca. Aliás, essa última observação serve para qualquer criança negra, menino ou menina. Miguel é um bebê tranquilo e muito sociável. Tenho certeza de que em parceria vamos cuidar muito bem juntas dele. Em suas mãos coloco o sol que aquece minha vida e faz meu mundo girar.

Palavras de Carolina

Boa tarde, querida professora, hoje é o primeiro dia na escola, o primeiro dia em que meu filho, meu filho negro, ficará sob os cuidados de pessoas desconhecidas, que meu filho que foi planejado e muito amado na gestação ficará sob cuidado de outras pessoas. Quando o Jorge nasceu, fiquei internada no final da gestação e não tive o tão sonhado parto normal, pois poderíamos sofrer consequências sérias... E assim veio ao mundo depois de quase 12 horas de indução, em um parto rápido de cesárea sem fazer quase nenhum barulho... meu filho, Jorge, um guerreiro, valente e pequenino, mas com muita sede de "tetê". No início da maternidade apareceram dúvidas sobre o tal amor materno que tanto se falava, mas que hoje tenho a certeza de que é possível ser construído e ainda assim ser incondicional o que sinto por ele.

Dito isso, gostaria que cuidasse dele, e o acolhesse da forma mais carinhosa possível, pois esse é o caminho em que acredito.

Confesso estar apreensiva e gostaria que ele tivesse, assim como todas as crianças, uma experiência legal e respeitosa nesse novo ciclo.

Com amor,

Carolina, a mãe do Jorge

Palavras de Fabiana

Queridas professoras, educadoras e todos aqueles que têm o nobre dever de cuidar e educar nossos pequeninos. O calor das primeiras descobertas, quando o mundo se revela em cores vibrantes e sorrisos inocentes, deveria ser um momento sagrado de amor e cuidado incondicional. Entretanto, é com o coração pesado que me dirijo a vocês sobre uma realidade dolorosa que permeia nosso ambiente de aprendizado: o racismo na educação infantil.

Imaginem um lugar onde bebês, com seus olhinhos curiosos e corações abertos, não recebem o mesmo colo caloroso simplesmente por causa da cor da sua pele. Imaginem crianças pequeninas, que deveriam crescer confiantes e seguras, sendo privadas do afeto genuíno que merecem, apenas porque não se encaixam nos padrões estreitos de beleza ou aceitação estabelecidos pela sociedade.

O racismo na educação infantil não é apenas uma falha momentânea ou um mal-entendido inocente. É uma ferida profunda na alma de nossa sociedade, uma mancha na tela da infância, na qual cada criança deveria ser nutrida e encorajada sem preconceitos.

Cada gesto de indiferença, cada olhar de desdém semeia sementes de desigualdade e injustiça nos corações puros e nas mentes em formação.

As crianças são esponjas emocionais, absorvendo não apenas conhecimento, mas também os valores que moldarão seus futuros. Quando um bebê é deixado de lado, quando uma criança é negligenciada, não é apenas uma falta de carinho físico, é uma negação de sua humanidade, uma negação de seu direito básico de ser amado sem reservas.

A educação infantil deveria ser um santuário de igualdade, onde cada criança é vista, ouvida e celebrada por quem ela é. É um lugar onde as diferenças são enriquecedoras, onde o abraço acolhedor é oferecido a todos, independentemente de cor, raça ou origem. Somente quando todas as crianças são amadas da mesma maneira é que podemos verdadeiramente dizer que estamos educando para um futuro de esperança e igualdade.

Por isso, apelo a cada um de vocês, que têm o privilégio e a responsabilidade de moldar o futuro das nossas crianças: vamos nos levantar contra o racismo na educação infantil. Vamos educar não apenas com palavras, mas com gestos de amor e inclusão. Vamos garantir que cada criança receba não apenas educação, mas também o abraço caloroso que elas merecem desde o primeiro dia de suas vidas.

Que todas as professoras e assistentes possam olhar com olhos amorosos e cuidados sinceros para nossas crianças, independentemente da sua cor de pele. Vamos transformar cada sala de aula em um espaço onde o colo seja dado com amor incondicional, onde cada criança, sem exceção, possa florescer em todo o seu potencial.

Com esperança por um futuro mais justo e inclusivo,

Fabiana Almeida

Palavras de Daniela

Carta aberta às professoras da Antónia Luanda

Olá, queridas professoras da Antónia Luanda, sou a Daniela, mulher preta, trabalhadora, educadora como vocês, e mamãe dela... da nossa Totó, uma bebê branca...

Gostaria de dizer a vocês que, como mãe preta de uma bebê branca, muitas questões me atravessam, e o mínimo que posso dizer a respeito delas é que, sem dúvida, tudo é bastante complexo (ainda que algumas vezes elas também nos apareçam e sejam apresentadas de formas muito cruas, duras e diretas)...

Eu costumo dizer que a gestação e o nascimento da Antónia Luanda é o maior exercício de terapia que eu já fiz na vida, todo esse processo e ter ela agora aqui comigo é o que de mais intenso já experimentei na vida, e é evidente que a nossa questão inter-racial também faz parte desses sentimentos imensos todos.

Quando grávida da Luanda, mesmo antes de a conhecer e saber que se tratava de uma criança branca, eu já refletia e tinha que lidar com a ansiedade de pensar que em algum momento, e por ser uma mãe da classe trabalhadora, muito provavelmente esse momento chegaria logo (como realmente chegou, pois Totó iniciou na creche com 6 meses), Antónia Luanda (que, aliás, nesse período também ainda não sabia que se tratava de uma criança do sexo biológico feminino, pois escolhi não saber desse dado até o momento de seu nascimento) iria para a escola. Essa instituição, que significa um milhão de coisas contrastantes para mim, uma vez que sou educadora e ainda hoje passo boa parte do meu tempo de vida nela, mas que, sobretudo, quando a considero a partir das minhas memórias de infância, ela representa um lugar de dor, violência e tristeza, e a maioria delas devido ao racismo que nela sofri.

Foi na escola que, partindo de professores, demais funcionários e colegas de turma, iniciei um processo de insegurança e descrença em minhas capacidades, no qual o racismo tentou me aprisionar e paralisar, e de fato aprisionou durante anos, até que se iniciou o meu letramento racial, proporcionado por um aquilombamento, pelo qual sempre serei imensamente grata.

Incrível como agora, olhando retrospectivamente, vejo o nascimento da Antónia Luanda e a força e o tamanho empoderamento provocados por ele em mim, como parte fundamental desse processo todo de libertação das amarras do racismo. Assim, não ouso dizer que ele se encerra com sua chegada e nem que acabará tão cedo, pois cada dia desse maternar é de aprendizados profundos sobre mim mesma e acho também que a partir desse maternar inter-racial posso dizer um pouco mais e melhor sobre aspectos e impactos do racismo ao longo dessa minha trajetória, individual e coletivamente...

De qualquer modo, o que fica transparente é que, desde a gestação, essa preocupação específica me abalou muitíssimo: e se eu tivesse um pequene pretinhe,[1] como iria tentar protegê-le das tão duras violências sofridas inclusive por mim mesma nesse ambiente escolar? E agora que já tenho uma bebê branca nos braços é que percebo... um tanto surpresa, talvez mais desconcertada do que qualquer outra coisa... o contrário não me ocorreu, não me preocupou pelo menos não nesse nível e definitivamente não nos mesmos termos, e é aí que mora a complexidade para a qual chamei atenção desde o começo do meu texto, ser mãe prete de uma criança prete ou branque muda tudo! Por isso, acho que consigo me aproximar pelo menos um pouco do tamanho da angústia e da dificuldade de uma mãe prete de um bebê prete ao colocar o seu neném na escola, que ainda hoje, sabemos, reproduz a violência racial, mesmo em idade tão tenra...

Uma coisa é me preocupar com a educação que Luanda vai receber, outra coisa é sequer imaginar que receberá um tratamento de qualquer maneira cruel ou negligente, seja "intencional"/direto ou expressando aquilo que está escondido, enraizado "apenas" por ser um bebê prete...

---

1. Foi respeitada a opção pela linguagem neutra utilizada neste texto. (N.E.)

Quando a Totó Luanda chegou e conhecemos sua raça, o jogo virou. Eu teria de maternar uma criança branca e cuidar com muita atenção para que ela compreendesse questões de raça que nos atravessam cotidianamente e que são, como já disse, muito complexas, e esse processo de entendimento deveria começar tão logo, pois um pensamento desesperado me perpassava e ainda o faz, que a minha filha jamais, em situação alguma, seja racista ou contribua, de algum modo, com algo nesse sentido! Para mim, o racismo é uma abominação da nossa sociedade, e como proteger nossas crianças pretes dessa violência até então era uma das causas às quais sempre me dediquei, e de certa forma por isso mesmo eu já sabia, mas a chegada da Antónia tornou o outro lado dessa mesma moeda muito mais evidente, tudo isso também passa pela questão: como fazer com que nossas crianças brancas não reproduzam o racismo?

Percebi logo que a questão é de tamanha complexidade e dificuldade que eu jamais daria conta de fazer sozinha, é nessas horas que compreendemos com total transparência: "É preciso uma vila"... E é aí que vocês entram, minhas companheiras. Para isso é de extrema importância que vocês estudem (e esse seria o meu pedido a vocês) e percebam que é muito importante racializarem TODAS as crianças, em suas vivências e práticas pedagógicas cotidianas e que esse questionamento esteja presente em todas as ações de cuidar/educar e brincar.

Desde que Antónia Luanda nasceu e que começamos a nos lançar por esse mundão afora em meio a consultas médicas, dias de vacina, compras em supermercados, passeios em praças e parquinhos e demais saídas, eu já me vi muitas vezes (muitas mesmo) tendo que responder a situações em que minha pequena é elogiada, celebrada, enaltecida como a mais bonita e esperta, a mais simpática, a mais inteligente, enfim... a mais mais... e eu, e também meu companheiro, Hernando, seu pai, homem branco, costumamos dizer sim, ela é linda, simpática, divertida e inteligente como toda e qualquer criança. Isso porque sempre me questiono se será que é assim com as crianças pretes, será que era assim comigo quando nessa idade? Não era. Se fosse, não carregaria comigo todas essas dores e essas marcas, sobretudo a da insegurança...

Para mim e para a Antónia Luanda é extremamente importante que vocês democratizem o colo em todos os seus sentidos, os mais amplos possíveis, e ensinem com isso, por meio de suas ações práticas e exemplo a ela e aos outros bebês pretes, que eles são também lindes, capazes, encantadores e devem ser celebrades, evitando assim que carreguem dores que a própria mamãe dela possui. Isso é sobre ensinar nossas crianças a respeito das relações étnico-raciais; ensinar a Antónia Luanda a ser justa na medida que a equidade, que a complexidade sócio-histórica das relações étnico-raciais no Brasil e no mundo exigem; formá-la em uma sociedade em que ela muitas vezes pode ser tratada de modo diferenciado, mas isso não deveria ser assim; enfim, é sobre prepará-la para intervir na luta antirracista de maneira aguerrida e igualmente respeitosa, reconhecendo aos poucos as distinções de tratamento, de causa e efeito...

Para que a Antónia compreenda seu lugar nessa luta coletiva partindo da compreensão da complexidade de sua experiência pessoal, como filha branca de uma mamãe preta e um papai branco como ela, eu conto com vocês, pois acredito, sim, que isso começa desde já enquanto ela ainda é um bebê, já que sabemos que o racismo não dá trégua para pretes ainda na gestação, parto etc. (eu mesma infelizmente sofri racismo institucional no parto da Totó, essa é uma outra história que merece/precisa ser narrada em uma outra oportunidade), de modo que ela tão logo compreenda sobre protagonismo, sobre como as coisas são e incidem sobre pessoas pretas e brancas, e como tudo isso afeta de maneira diferente a ela e seus colegas de turma.

É fundamental, portanto, que seus educadores compreendam tais questões e, sobretudo, a extensão das suas consequências para cada um dos bebês, que promovam vivências e reflexões com os pequenes nesse sentido, fazendo com que o cotidiano na creche busque educar para as relações étnico-raciais. Como criança branca, Antónia Luanda aos poucos irá se localizando e compreendendo que o racismo afeta a todes, mas o faz de maneira bastante diferenciada para cada um e, portanto, é preciso respeitar o protagonismo e as necessidades daqueles que o sofrem literalmente na pele sem se abster daquilo que o racismo implica a pessoas brancas... é observando atentamente que Antónia aprenderá com vocês e NA ESCOLA tudo isso!

Palavras de Raquel

Cara Ana,

Eu ainda não sei o seu nome, mas estou te nomeando Ana, para forjar uma proximidade necessária para esta nossa conversa delicada e urgente.

Eu, na verdade, estou ansiosíssima para te conhecer, e, como educadora que também sou, imagino que esteja aguardando este momento em que conhecerá "os tesouros" que te acompanharão neste ano letivo.

Venho, com esta carta/café/abraço, te contar um pouco mais sobre a história do nosso Samuel. Já estou o colocando como nosso, porque, mesmo mãe leoa que sou, sei que preciso de você nessa parceria de criação de um menino-mundo inteiro.

Vamos lá: na minha família, as primeiras mulheres de cada geração têm uma herança peculiar, incomum e triste: todas perderam seus meninos. Pelo menos até a história que conheço. Minha mãe, minha avó, minha bisavó... TODAS! Ou perderam na primeira infância, ou nos primeiros momentos de vida, ou deram à luz um menino já morto, como minha mãe. Cresci com essas histórias.

Cresci com esse medo. Cresci com a certeza de que aconteceria comigo também.

Quando eu soube que Samuel não seria Nina, que foi como chamei a barriga assim que vi o positivo no teste de farmácia, na tentativa de me assegurar de que a empreitada da primeira maternidade seria bem-sucedida, passei todo o tempo possível cuidando da

Democratização do colo | 127

ansiedade a amansando o medo deitada na cama, olhando o girar do ventilador de teto bem devagarzinho enquanto alisava a barriga e contava para ele as maravilhas que ele encontraria aqui fora, caso tivesse vontade de nascer.

Apesar do medo quase paralisante, eu gestei mais que um menino, mas também um desejo de vida.

E ele vingou.

Sabe, Ana, nós somos um povo que está sempre no fio da navalha. O nosso querer está sempre em teste, e o meu desejo agora, mesmo com todo o conhecimento pedagógico e parental de anos em sala de aula, e já trazendo o Samuel como "nosso", é colocar meu menino rei dentro do forninho novamente, pois sei que essa aventura de ser visto, cuidado e orientado por outros que não só os nossos de nosso ninho pode ser bem violenta às vezes.

Ser mãe de um menino preto é festejar cada 23 minutos de sua vida e me agarrar em cada sorriso, pois receamos em algum lugar bem guardadinho, que temos medo de partilhar abertamente, que esse instante possa ser o último. Ser mãe de um menino preto é aprender a encantar com certa margem de desencanto também. É estar presente, compartilhar as ferramentas e desejar que ele se prepare para o que está por vir e que saiba o caminho de retorno.

Estou te contando tudo isso, Ana, pois eu acredito na educação. Eu acredito no afeto, eu acredito no poder que a presença tem. Por isso, te convido para ser presente para o Samuca.

Presente mesmo. Aquele inesperado, que a gente já esqueceu como é receber, e desembrulha devagarzinho, quase incrédula, marejando os olhos de ansiedade e alegria enquanto os dedos trabalham quase de forma autônoma e o coração se lembra da alegria em receber algo novo.

Pois sei que, a partir do início das aulas e com todas as histórias que a aventura da escolarização traz, o nosso Samuca será outro, e eu estou ansiosíssima para ouvir de você como é o Samuel que você lê.

Obrigada e até breve,

Raquel

Palavras de Odara

Caras professoras,

Sou Odara, mulher preta, mãe do Akin e educadora da infância.

Ser mãe sempre foi um desejo, desde menina. Depois de adulta, senti pelo que pareceu um longo período que não poderia ter a felicidade de ter a minha família, amar e ter o meu filho. Porque o racismo que me atravessa tantas vezes afirmou que eu não merecia esse afeto e essa felicidade.

Mas eu fui agraciada com o amor, com a possibilidade de gestar, parir, amamentar, ser mãe e amar incondicionalmente o meu Akin. Para ele, o meu profundo desejo é que seja feliz, acolhido, amado e respeitado. Que as vivências que me causaram dolorosas cicatrizes não o atinjam. E, para isso, conto com o compromisso de vocês para uma educação antirracista. Que meu filho se sinta acolhido, valorizado, amado, belo. Que tenha o direito de sorrir, correr...

Sabe, professora, no início deste ano, levei meu filho para o primeiro corte de cabelo, tendo ele apenas um ano e três meses. O principal motivador? O medo de acharem que ele não era bem-cuidado por não estar todos os dias com os cachos definidos e arrumados. Para não acharem que seu cabelo crespo era desleixo de sua família, para que ele fosse visto com bons olhos. Eu conto com o compromisso de vocês para uma educação antirracista, para que essa e tantas outras questões muito mais profundas não sejam mais uma preocupação para mim.

Democratização do colo | 129

Palavras de Kelly

Ancestralidade afetiva em dose dupla: o colo ao longo da vida

Uma das poucas certezas que carregava comigo desde a adolescência é a de que não seria mãe. Acredito que essa certeza se dava por observar os esforços da minha mãe e da minha avó para lidar com as ausências e das minhas tias para com os meus primos. Resumindo, aquele novo, velho padrão da família brasileira, no qual as matriarcas se unem para sobreviver com suas crias, nos territórios periféricos da cidade.

Recordo-me de quando descobri que seria tia. Tia em dose dupla. Tia de duas meninas. Assim, no dia 27 de setembro de 2011, data de muito axé na ancestralidade que vem de África, chegavam a este mundo Dandara e Tayná.

Com a perda de sua mãe, antes mesmo de completarem 2 anos de vida, Tayná e Dandara chegavam para ficar. Entre idas e vindas com familiares, é no colo de minha mãe que seus olhos ganham o brilho de viver. E eu, como tia, entendo que a vida me joga no desafio do maternar.

O primeiro dente que cai; o primeiro dia na escola; a primeira frase lida do jornal impresso; o primeiro chinelo arrebentado; a primeira calça que não serve mais; o primeiro eu te amo, tia! Os primeiros, os segundos, terceiros e infinitos passos ao longo dos anos mostram o quanto o acompanhamento é necessário e importante para que elas não se sintam sozinhas, para que eu não me sinta sozinha, para que nós tenhamos sempre o colo uma da outra.

E para você, que está aí do outro lado, conhecendo um pouquinho mais desta história, o seu colo e o seu olhar também são fundamentais para que possamos crescer e evoluir. Que seja uma jornada com mais afeto e que a existência desse colo seja reverberada e sentida ao longo da vida.

Palavras de Rauany

Queridos professores e professoras da Lara,

Ser mãe de uma menina preta me traz lembranças muito fortes da minha infância e adolescência. Uma fase que nem sempre foi fácil e tranquila, sendo também uma menina preta. Essas lembranças me fazem querer que ela viva uma infância diferente da minha em muitos aspectos.

Lara foi uma criança muito desejada por mim e meu esposo, foram dois anos de tentativas, expectativas, decepções com o negativo e uma ansiedade enorme. O positivo veio e, com ele, um medo (inconsciente) do que poderia vir pela frente. Quando ela chegou, o mundo estava um caos, no auge da pandemia, e precisei ser forte e aguentar sozinha as 27 horas de trabalho de parto para enfim ter o tão sonhado parto normal.

Durante minha gravidez, uma música que foi presente em nossa rotina era "Brown Skin Girl" (garota de pele negra), da diva Beyoncé. Essa música só traduzia o que eu seria como mãe de uma menina preta: a pessoa que mais iria enaltecer sua beleza. E, desde o seu nascimento, tem sido dessa forma.

Precisei ensinar a ela que, sim, ela é uma menina preta, filha de uma mulher preta e de um homem preto. Que o cabelo dela é lindo sendo crespo, que a pele dela tem uma cor de chocolate maravilhosa (a mais linda que conheço). E, mesmo assim, aos 2 anos de idade, ela chegou da escola dizendo que gostaria de ter o cabelo liso igual ao de sua professora, e aos 3 anos de idade ela afirmou, por cerca de uma semana, que era feia, até eu conseguir acessá-la e entender que minha filha havia sofrido racismo dentro de uma instituição de ensino. Dito isso, eu espero, queridos professores, que vocês possam a cada dia tomar consciência de que o racismo existe sim, embora vocês nunca o tenham visto. Que possam estudar formas de combater esse mal no mundo e que acolham as meninas e os meninos que o sofrem. Espero, do fundo do meu coração, que minha filha seja acolhida ao passar por situações como essa novamente (porque sei que isso irá se repetir).

Por mais clichê que isso possa parecer, eu entrego a vocês, todos os dias, o meu bem mais precioso e amado no mundo. Cuidem dela com afeto e carinho.

Abraços,

Rauany

Mãe da Lara, mulher preta e professora de escola pública

Palavras de Natália

Profundidades

Eu nunca fui uma pessoa profunda, dessas de mergulhar em relacionamentos ou nas mais diversas amizades. Sempre procurei ficar assim no rasinho, buscava um aprofundamento ou outro nas relações com as amigas (sempre mulheres), mas bem pontuais e que, confesso, hoje já não tenho aquela tal afinidade que tínhamos há dez anos. Contudo, vejo quem consegue se aprofundar nas relações com uma admiração que não tem tamanho, saber sobre os gostos e sabores da outra ou do outro, eu acho maravilhoso de ver, observo com gosto.

Nesse "desaprofundar", eu engravidei, acho um tanto complicado dizer isso, mas foi sem querer, não namorei o pai da minha filha nem era isso o que eu queria, talvez eu quisesse mesmo era só engravidar e assim eu fiz. E ter uma filha, ter a Luísa, é algo mais profundo que se pode vivenciar, nos transformar em mãe é doido demais.

Tive que aprender a ser mãe, mas principalmente a me aprofundar, me fundir, sentir pela outra, saber o que é certo e o que não é, saber o que fazer na hora que precisa fazer. Não estou romantizando nada, até porque minha maternidade solo não é romântica, mas é um ir... ir se aprofundando, ir se descobrindo, ir se refazendo, ir com sofrimento mesmo, mas ir.

Não gosto de falar só do que é sofrimento nesse maternar, porque Luísa é, sim, minha fonte de sorrir, mas como dói. Dói parir, dói sentir nascer, dói a dúvida sobre "será que foi violência obstétrica?", dói ser solo e ter a certeza de que é porque sou negra, dói DEMAIS ouvir sua filha de 3 anos sair correndo pela casa dizendo que queria que seu cabelo "caísse" (se remetendo a ele ser liso), dói Luísa olhar o quadro de fotos de seus colegas de sala e dizer "mamãe, por que meu cabelo não é normal?" (depois de eu me emocionar ao ver que ela tirou foto com os cabelos soltos), dói demais sua filha, mesmo sendo tão brava e determinada, dizer "mamãe, quando eu crescer quero ter o cabelo loiro e liso"; o maternar da mãe preta é dolorido.

Diante disso, digo a você, professora branca da Luísa, cuide dela, cuide dos cabelos dela, cuide do caminhar dela e de todas as tristezas e frustrações por ela trazidas, mas cuide com cuidado, com o olhar atento, pois as dores que o racismo lhe traz ela já sabe muito bem classificar e, acima de tudo, ela já sabe muito bem sentir, e isso é doloroso demais!

Filha, sei que você sofre e ainda sofrerá com as crueldades desse nosso mundo racista e misógino, mas, dentro de nossa *profundidade*, sei também que estaremos juntas buscando alternativas e saídas para diminuir nossas dores, nesse nosso caminhar, que é lindo demais!

Palavras de Josi

Professora,

Oi, posso te chamar de Pro?

Vou te contar uma rápida história e te fazer um pedido, *tá*?!

Meu primeiro filho chegou, e eu ainda era uma mocinha. Jovem, inexperiente e sem esperar o que viria a seguir. E que beleza, e que mãozinhas, e que sorriso, aahhhh! Ele é um presente imenso para uma existência muito solitária, até aquele ponto. Eu, preta retinta, ele um bebezinho gordinho da pele parda. Os cabelos dele parecem os meus, cacheados, cheios, e ele sempre foi um menino risonho e que gostava da escola. Até que um dia não gostou mais. Até que um dia afirmou para mim em uma conversa que era feio, que seus dentes eram muito grandes e que não gostava de sorrir. Perguntei de onde tinha vindo isso tudo, e ele não me contou, nunca me contou, mas aconteceu uma mudança drástica e grandiosa para o meu menino.

Não sei o que aconteceu, mas imagino, pelos sinais, onde foi. Todas as noites me pedia colo e pedia para não ir à escola na manhã seguinte, coisa que não podia fazer. Segui repetindo para ele que ele é amado, lindo e forte; sei que não era suficiente, no ambiente para onde tinha de ir não tinha meus olhos e meus cuidados. Fui até a escola, e me disseram que ele estava mesmo mais quieto, mas ninguém sabia dizer o porquê. Lembrei da minha infância, pretinha, coque no cabelo e solidão. Uma professora, na época, mesmo não tendo provas, acatou a reclamação de alunas não negras de que eu tinha pegado um lápis, fiquei de castigo. Tinha letra miúda, quase me escondendo em mim ou em outra pessoa para existir. Eu era uma pretinha muito bonita, mas não me sentia assim. Triste esse espelho, *né*?

Não sei o que ocorreu; pelos poucos relatos que ele me trouxe, imagino que tenham quebrado o espírito dele, assim como fazem com todos que carregam a pele mais escura, o cabelo menos escorrido, e, mesmo sendo próxima, conhecendo o racismo como funciona, não o consegui defender, feridas dele e minhas que moram nos nossos caminhos, nas nossas lembranças.

Agora, tenho outro bebê, mais um menino, novinho, novinho, a mesma pele parda do irmão mais velho (irmão cuidadoso e carinhoso), os olhos vivos de quem está conhecendo o mundo agora, olhando para tudo agora, primeiras vezes são bonitas, *né*? É a minha primeira vez, também, fazendo este pedido: esteja atenta, olhe com carinho para esse humano risonho quando ele chegar até você, ele merece todo afeto e carinho disponíveis no mundo, afinal, tudo é novidade para ele, mas o desprezo, a desatenção doem e não só nele. Há algo de histórico, épico e curativo para uma pessoa preta ser amada, o amor como uma ação consciente, presente, atenciosa e o afeto que atua nessa região, o afeto molda nossas relações, portanto trago palavras afetuosas para você. Sou mãe. Gestei essas vidas e compartilhei com elas meu corpo, alimento e coração, digo boas palavras, ensino gentileza, ensino a sorrir, atuo dentro do amor e seu abraço aconchego e xícara de café quentinho, e peço: dê a ele o seu melhor, seu melhor sorriso, seu abraço, sua dedicação – o fazer docente exige tanto de nós, *né*?

Eu sei, mas sei também que ele nos faz maiores e mais completas. Observe, converse, se aproxime, o afeto afeta os caminhos e constrói pontes, passagens, saídas. Você faz daí que eu faço daqui e a gente cria as crianças assim, juntas e de forma que elas conheçam o afeto e saibam que o cuidado sabe chamar o nome delas. É um pedido simples, porém complexo, mas é só o que me cabe pedir.

Obrigada

Com afeto e esperança, Josi

Palavras de Shirley

Querida professora da educação infantil, talvez você não saiba, mas fará parte de uma das fases mais lindas de uma criança, a fase da descoberta, o primeiro contato da criança com o mundo externo. Você será parte da história dos meus filhos, ajudará a constituí-lo como ser humano, na formação de sua autoestima, em seus processos de aprendizado...

Hoje lhe entrego o meu bem mais precioso, os meus filhos. Eles são lindos, vou te falar um pouco deles, são duas crianças negras de pele retinta. A Hilary é mais escura com os cabelos crespos, e o Heitor é mais claro com os cabelos encaracolados. Ambos foram muito desejados e amados.

Querida professora, você deve estar se perguntando o porquê destaquei a cor dos meus filhos, sendo que eles para mim são muito mais do que isso! Vou te contar, como mãe negra em uma sociedade que nem sempre foi tão acolhedora com crianças e pessoas pretas, me sinto à vontade para lhe provocar uma reflexão. Eu vivi em um mundo em que as pessoas comparavam a minha pele com as das outras crianças, o meu cabelo era lido como ruim, difícil de arrumar, então talvez por isso eu nunca tenha sido escolhida para ser a noivinha das festas juninas, ou a princesa dos contos de fadas. Talvez os cachinhos do Heitor nunca sejam comparados com os dos "anjinhos", nem o crespo da Hilary seja visto como uma linda coroa...

Não estou aqui para te contar história triste, e olha que tenho muitas! Só queria destacar o quão importante o seu fazer pedagógico irá impactar as vidas dessas duas crianças as quais gerei com tanto amor. Apesar de tão pequenas, elas podem sentir todo o seu afeto e também o seu desprezo, na entonação da sua voz, no seu olhar, nos seus gestos. Você é uma parte fundamental nesse processo, por esse motivo peço que reveja alguns conceitos já enraizados em nossa cultura que impedem que crianças como os meus filhos se sintam aceitas e amadas igualmente.

Gostaria que, apesar de todas as suas demandas, cansaço físico e emocional, consiga entregar o seu melhor aos meus filhos e aos outros que, assim como eles, só tem a você neste momento. Que tenha sabedoria para agir da melhor maneira nos momentos de conflitos, que seja luz na vida de todos os bebês e crianças que por você passarem!

Muito obrigada,

mamãe Shirley

Essas cartas me tocam de um jeito muito profundo; como uma mulher mutilada, que nunca poderei gestar meus bebês, sinto a dor, a raiva, o jeito incisivo ou não de cada mãe ou tia.

Colocar um bebê negro no mundo, a meu ver, é entrar num carro em altíssima velocidade, sem saber para onde, como e se chegará em algum lugar. Miguel Otávio, João Pedro, Vitória são alguns nomes de crianças negras que não chegarão mais! De algum modo e por algum motivo, essas crianças tiveram suas vidas ceifadas, não sendo protegidas pelo Estatuto da Criança e do Adolescente, que existe para atender todas as pessoas que têm entre 0 e 17 anos, 11 meses e 29 dias.

Esse foi um capítulo escrito por corações, numa perspectiva polifônica, no qual mulheres negras, de diversas tonalidades de pele, profissões, religiões, moradoras de várias partes do Brasil, compartilharam suas histórias, inseguranças, seus desejos e sonhos para seus bebês e suas crianças.

Educadoras brancas, leiam as cartas com seus olhos e seus corações. Entregar um bebê/criança negro para viver o direito de ser educado e cuidado em uma instituição de educação não é tarefa fácil! Há a insegurança pela possibilidade dos engasgos, febres, nascimento dos dentes, comuns a todos os bebês; entretanto, imaginar que um bebê/criança fique escanteado e ganhe menos colo ou sofra discriminação por seu pertencimento racial é adoecedor, e muitas mulheres passam por isso diariamente.

Estude, leia, dialogue com seus pares, faça um exercício individual e honesto de como tem sido seu olhar, colo, carinho e cuidado aos bebês/crianças negros. Busque formas de possibilitar a eles espaços em que se sintam representados por imagens, personagens de vídeos, entre outros. Não deixe que seu fenótipo e o de bebês/crianças brancos seja colocado no centro, como padrão a ser alcançado.

Preste atenção quando as meninas negras pedirem para pentear os seus cabelos; geralmente elas gostam de passar horas acariciando cabelos lisos/ondulados/encaracolados (não crespos), e isso pode estar associado ao desejo de ter cabelos parecidos com os seus. Lembro-me da minha infância com minha professora loira, eu amava ficar alisando aqueles cabelos lisos e pensava o quanto os meus eram feios, se comparados aos dela. Chegava em casa, colocava uma toalha e brincava de "pro Aline", esse era o nome dela. Diante de situações como essa, volte-se aos cabelos das meninas negras, evidenciando seu volume, cor, maciez, enfim, verifique a característica e enalteça o que vir.

É importante que, como única professora de meninas negras, você exercite *não ser o centro das referências* (sabemos que ser o centro de referências para crianças é bem comum, e, no caso de meninas negras que têm apenas uma professora loira, esse fator pode atrapalhar a construção positiva de sua autoimagem). Convide mulheres e homens negros da instituição sempre que possível, a fim de garantir que as crianças vivenciem uma rotina com pessoas negras vivendo o projeto pedagógico junto com elas.

Não silencie quando você não souber o que fazer, como conduzir uma situação desafiadora que envolva discriminação racial; nossos currículos são deficitários quando o assunto é raça, racismo, equidade e diversidade racial, sendo sua responsabilidade, assim como de todas as pessoas que são educadoras, exigir a formação e a ampliação de repertório para que sejam atendidas as necessidades de todos os bebês e de todas as crianças. Importante salientar que cabe a cada uma a responsabilidade pela sua autoformação como complemento da formação inicial, realizada em cursos de graduação. Reconhecer aquilo que não se sabe é um passo importante para o seu aprendizado (e de outras professoras), mas, mais do que isso, constrói caminhos para a garantia de direitos.

Educadoras negras, somos vítimas de racismo, e isso constitui nossas identidades! Militante ou não, leitora de mulheres negras ou não, consciente de sua negritude ou não, o racismo atravessa e marca você. Convido-a a espaços diários de cura, seja tocando tambor, indo ao culto, terreiro, missa, cinema, teatro, *shows*, mas que a cura das mazelas que trazem o racismo venha por meio de atividades de que você gosta e que lhe dão prazer.

Assim como as mulheres brancas e as demais mulheres racializadas, é possível que você tenha aprendido a achar "lindinhos", "fofinhos", "gostosinhos" exclusiva ou prioritariamente bebês/crianças brancos, o que é bastante óbvio diante da ditadura a que somos expostas diariamente, de que brancura é sinônimo de beleza, bondade, graciosidade, entre outros atributos. Espero que as páginas deste livro tenham contribuído para a compreensão de que há muitas armadilhas impostas a nós que talvez nos façam reproduzir movimentos sem nos darmos conta.

Beije, oferte carinho, colo e reconheça o quanto bebês e crianças negros (muito parecidos com o que você foi no início de sua vida) são incríveis, lindos, dignos do melhor tratamento que podemos dar. E sinta-se abraçada após a leitura dessas cartas, que podem ter trazido lágrimas, angústias e tristeza.

Não se sinta com a maior parte da responsabilidade pela luta antirracista; assim como qualquer outra educadora, é preciso que se comprometa com um currículo e práticas antirracistas, mas lembre-se: você não é porta-voz e não tem mais responsabilidade que ninguém. Além disso, não tem que saber sempre o que fazer só por ser negra; você não tem que ter todas as respostas. Ser negra não a torna especialista em relações raciais. Gestoras, mães, pais, tias, tios, e todas as pessoas que cuidam, educam, amam, convivem com bebês e crianças, eles(as) são sujeitos hoje, no tempo presente! Nosso papel não é formar futuros cidadãos, mas mediar experiências de pessoas cidadãs e sujeitos de direitos. A realização de um projeto de sociedade antirracista precisa permear nossos fazeres diariamente; vamos juntas e juntos nessa?

Educadoras negras, racializadas e brancas, é possível que bebês/crianças negros frequentem a instituição:

- com mau cheiro no ouvido em decorrência de infecção;
- com roupas malcheirosas;
- com a fralda descartável que você colocou no dia anterior;
- com pediculose, escabiose;

Democratização do colo | 139

- com nariz escorrendo;
- com cabelos crespos ou lisos despenteados;
- com roupas malcheirosas na mochila sem condições de serem utilizadas;
- sem utilizar calcinhas ou cuecas.

Essas e outras situações são corriqueiras em diversas realidades. A falta de acesso à higiene e à saúde não pode ser justificativa para discriminação e diferença de tratamento.

É possível que negros e brancos apresentem as situações descritas anteriormente; entretanto, pela minha experiência, posso inferir que, quando ocorridas com bebês/crianças negros, a rechaça a esses elementos é visivelmente maior. Tal qual as fezes do bebê negro citado anteriormente, o mau cheiro advindo de corpos negros é mais incômodo e mais intensamente repelido. É importante lembrar: sujeira, mau cheiro, pobreza podem estar presentes em seu cotidiano, e os bebês/crianças, *sujeitos de direitos*, precisam ser cuidados e educados, sejam eles brancos ou negros.

Como professora universitária do curso de Pedagogia, ao perguntar para as ingressantes o motivo da escolha da carreira, algumas respondiam que eram motivadas pelo fato de gostar de crianças. Foram muitas rodas de reflexões, com a discussão central: "De que criança eu gosto?". Certamente as situações mencionadas não fazem parte do imaginário social, que designa as crianças "gostadas", "queridas".

Considerando a indissociabilidade do cuidar e educar na educação infantil, crie condições saudáveis e seguras para que as crianças fiquem confortáveis durante suas vivências na instituição. Tantas vezes há uma lacuna entre o ideal e o cotidiano real, e todos os elementos mencionados podem estar presentes em seu dia a dia. Desse modo, acolha, dialogue com as famílias, planeje ações de acordo com a necessidade de cada bebê/criança e lembre sempre: democratizar o colo é preciso!

CONSIDERAÇÕES DE COMEÇO, MEIO E COMEÇO

Democratizar colo é uma urgência! Talvez seja preciso pensar formas audaciosas de reorganizar o seu trabalho com os bebês e as crianças. Talvez rever o que você considera belo, por exemplo, seja uma necessidade.

As instituições que atendem as crianças serão promotoras de encontros de diversos sonhos, histórias, vozes, cheiros, desejos.

Comprometer-se com práticas antirracistas, como projeto basilar, para toda e qualquer vivência cotidiana, é o desafio que se impõe ao pensar educação das relações raciais.

O planejamento dos espaços, a escolha dos materiais, da literatura, dos brinquedos precisa considerar a Lei n. 10.639/2003, que assevera a necessidade de apresentar a história e a cultura africana e afro-brasileira. Além disso, é importante que se comprometa com o que é colocado na agenda 2030 nos Objetivos do Desenvolvimento Sustentável, que fala sobre não deixar ninguém para trás.

Kimberlé Crenshaw (2002) aponta a existência de interseccionalidade quando um grupo é submetido a duas ou mais situações de subordinação. No caso de bebês/crianças negros com deficiência, estamos diante da necessidade de observarmos a inclusão delas e deles considerando esses fatores.

O toque, o abraço e o afago precisam estar presentes no cotidiano das instituições que atendem as infâncias. Bebês/crianças negros, brancos, migrantes, com deficiência precisam de seu olhar, sua atenção, seus cuidados, tendo como base a condição de cada um deles.

Atente às individualidades e considere as diversas formas de ser, existir e compor o grupo que elas e eles lhe apresentarão.

Estudar, pesquisar, ouvir músicas, ampliar repertório artístico, esses podem ser caminhos importantes para a construção de um projeto antirracista que aconteça de janeiro a janeiro em sua turma.

Gestoras (diretoras, orientadoras educacionais, coordenadoras pedagógicas), observem seus fazeres anuais, o planejamento da verba, das reuniões de familiares, as transformações nos espaços, entre outros fazeres de sua alçada, com um olhar antirracista, sempre com a presença da história e da cultura africana e afro-brasileira. Familiares, estamos diante da criação de seres potentes, inventivos, ativos, criativos, que nos ensinam e aprendem na relação com adultos; ampliem suas experiências antirracistas e tragam essas vivências em suas escolhas sobre o que ler, quais espaços frequentar, quais bonecas comprar. Faço a vocês um convite repleto de afeto: conheçam o bloco afro Ilú Obá De Min e o apresentem a sua filha ou seu filho. Certamente, muitas lindezas serão vistas e vivenciadas.

Antônio Bispo dos Santos (2020), filósofo, ativista quilombola, muito ensinou sobre o contracolonialismo como modo de rebater os ditames brancos racistas e venenosos da colonização. Observe seu cotidiano, seu contexto, seu planejamento e estabeleça um compromisso com o rompimento da colonização; reveja qual espaço você destina para vivências antirracistas.

CONSIDERAÇÕES DE COMEÇO, MEIO E COMEÇO

Democratizar colo é uma urgência! Talvez seja preciso pensar formas audaciosas de reorganizar o seu trabalho com os bebês e as crianças. Talvez rever o que você considera belo, por exemplo, seja uma necessidade.

As instituições que atendem as crianças serão promotoras de encontros de diversos sonhos, histórias, vozes, cheiros, desejos. Comprometer-se com práticas antirracistas, como projeto basilar, para toda e qualquer vivência cotidiana, é o desafio que se impõe ao pensar educação das relações raciais.

O planejamento dos espaços, a escolha dos materiais, da literatura, dos brinquedos precisa considerar a Lei n. 10.639/2003, que assevera a necessidade de apresentar a história e a cultura africana e afro-brasileira. Além disso, é importante que se comprometa com o que é colocado na agenda 2030 nos Objetivos do Desenvolvimento Sustentável, que fala sobre não deixar ninguém para trás.

Kimberlé Crenshaw (2002) aponta a existência de interseccionalidade quando um grupo é submetido a duas ou mais situações de subordinação. No caso de bebês/crianças negros com deficiência, estamos diante da necessidade de observarmos a inclusão delas e deles considerando esses fatores.

O toque, o abraço e o afago precisam estar presentes no cotidiano das instituições que atendem as infâncias. Bebês/crianças negros, brancos, migrantes, com deficiência precisam de seu olhar, sua atenção, seus cuidados, tendo como base a condição de cada um deles.

Atente às individualidades e considere as diversas formas de ser, existir e compor o grupo que elas e eles lhe apresentarão.

Estudar, pesquisar, ouvir músicas, ampliar repertório artístico, esses podem ser caminhos importantes para a construção de um projeto antirracista que aconteça de janeiro a janeiro em sua turma.

Gestoras (diretoras, orientadoras educacionais, coordenadoras pedagógicas), observem seus fazeres anuais, o planejamento da verba, das reuniões de familiares, as transformações nos espaços, entre outros fazeres de sua alçada, com um olhar antirracista, sempre com a presença da história e da cultura africana e afro-brasileira. Familiares, estamos diante da criação de seres potentes, inventivos, ativos, criativos, que nos ensinam e aprendem na relação com adultos; ampliem suas experiências antirracistas e tragam essas vivências em suas escolhas sobre o que ler, quais espaços frequentar, quais bonecas comprar. Faço a vocês um convite repleto de afeto: conheçam o bloco afro Ilú Obá De Min e o apresentem a sua filha ou seu filho. Certamente, muitas lindezas serão vistas e vivenciadas.

Antônio Bispo dos Santos (2020), filósofo, ativista quilombola, muito ensinou sobre o contracolonialismo como modo de rebater os ditames brancos racistas e venenosos da colonização. Observe seu cotidiano, seu contexto, seu planejamento e estabeleça um compromisso com o rompimento da colonização; reveja qual espaço você destina para vivências antirracistas.

Otávio Miguel, menino preto de 5 anos, não teve colo; ao contrário disso, enquanto sua mãe passeava com um cachorro, a patroa o abandonou sozinho em um elevador, mesmo sendo proibido a uma criança de sua idade andar desacompanhada. Nem o Estado, tampouco a patroa branca, deram colo ao menino preto! É urgente: democratize o colo.

Ler mães, mulheres negras, que partilharam suas histórias e contribuíram para as reflexões, foi algo que me emocionou e impulsionou ainda mais. De alguma forma, este é um texto escrito pelas mãos de vocês, mulheres negras que pariram, gestaram e agora educam crianças que sofrem racismo e vivem diariamente com a certeza de que não há nada certo a esperar quando seu bebê vai para uma instituição de educação infantil.

Dor e esperança se misturaram durante a escrita deste livro. Pensar na infância que vivem bebês e crianças que amo e os que nem sequer conheço me move a ter urgência em escrever, falar e refletir sobre práticas antirracistas para a primeira infância.

Finalizo saudando Nego Bispo e compreendendo que este não é um final, mas um meio, que possivelmente contribuirá para novos começos.

Referências

CRENSHAW, K. Documento para o encontro de especialistas em aspectos da discriminação racial relativos ao gênero. *Estudos Feministas*, Florianópolis, ano 10, p. 171-188, 2002. Disponível em: https://www.scielo.br/j/ref/a/mbTpP4SFXPnJZ397j8fSBQQ/?format=pdf&lang=pt. Acesso em: 1 out. 2024.

SANTOS, A. B. dos. Início, meio, início. Conversa com Antônio Bispo dos Santos. *Indisciplinar*, Belo Horizonte, v. 6, n. 1, p. 53-69, 2020. Disponível em: https://periodicos.ufmg.br/index.php/indisciplinar/article/view/26241. Acesso em: 1 out. 2024.